写给青少年的宪法学习书

法治课堂上讲公民的24个基本权利与义务

唐玥 / 著

法律出版社 | LAW PRESS
北京

图书在版编目（CIP）数据

写给青少年的宪法学习书：法治课堂上讲公民的24个基本权利与义务 / 唐玥著. -- 北京：法律出版社，2022（2025.12重印）
ISBN 978-7-5197-6467-8

Ⅰ. ①写… Ⅱ. ①唐… Ⅲ. ①宪法—公民—权利与义务—中国—青少年读物 Ⅳ. ①D921.09

中国版本图书馆CIP数据核字（2022）第033646号

写给青少年的宪法学习书
——法治课堂上讲公民的24个基本权利与义务
XIE GEI QINGSHAONIAN DE XIANFA XUEXISHU
—FAZHI KETANG SHANG JIANG GONGMIN DE 24 GE JIBEN QUANLI YU YIWU

唐　玥　著

策划编辑 朱海波　冯雨春
责任编辑 朱海波　张　颖
装帧设计 鲍龙卉

出版发行 法律出版社
编辑统筹 法律应用出版分社
责任校对 晁明慧　王　皓
责任印制 刘晓伟
经　　销 新华书店

开本 880毫米×1230毫米　1/24
印张 12.5　**字数** 200千
版本 2022年12月第1版
印次 2025年12月第5次印刷
印刷 北京盛通印刷股份有限公司

地址：北京市丰台区莲花池西里7号（100073）
网址：www.lawpress.com.cn
投稿邮箱：info@lawpress.com.cn
举报盗版邮箱：jbwq@lawpress.com.cn
销售电话：010-83938349
客服电话：010-83938350
咨询电话：010-63939796

书号：ISBN 978-7-5197-6467-8
定价：68.00元
凡购买本社图书，如有印装错误，我社负责退换。电话：010-83938349

序　言

为什么面向青少年普及宪法

《中华人民共和国宪法》(以下简称宪法)是我国的根本大法,拥有最高的法律效力,是制定其他法律的依据。党的二十大报告提出,要完善以宪法为核心的中国特色社会主义法律体系。坚持依法治国首先要坚持依宪治国,坚持依法执政首先要坚持依宪执政,坚持宪法确定的中国共产党领导地位不动摇,坚持宪法确定的人民民主专政的国体和人民代表大会制度的政体不动摇。

青少年朋友们,你对宪法了解多少呢?出几道题,测试一下你的宪法知识:(1)自新中国成立以来,我国先后通过几部宪法?(2)现行宪法分别经过几次修正?(3)宪法包含哪些内容?(4)“国家宪法日”是哪一天?(5)“宪法离我们的生活很遥远”，这句话对吗？（具体答案见序章：“宪法知多少”）

面对上述问题，你是不是对宪法有了兴趣？2022年是我国现行宪法（1982年宪法）施行40周年。40年来，我国宪法以其至上的法治地位和强大的法治力量，有力保障了人民当家作主，有力促进了改革开放和社会主义现代化建设，有力推动了社会主义法治国家进程，有力促进了人权事业发展，有力维护了国家统一、民族团结、社会稳定，对我国政治、经济、文化、社会生活产生了极为深刻的影响。

青少年一直以来都是人类重要的组成部分，占据相当大的比重。你们天真烂漫，是这个世界上无须雕饰的诗人；你们善良仁爱，对万物生命一视同仁，对喜怒哀乐感同身受。但你们也因年龄、阅历受限，心智并非完全成熟，难以把控善恶。尽管有来自国际、国内法律法规的保护，但家暴、性侵、遗弃、弃学、童工、校园暴力、伤害他人生命等违法事件仍时有发生，甚至还有相当一部分孩子因犯罪而陷于牢狱之灾，每每看到相关新闻，总会扼腕叹息。其实，上述涉及的人身自由、劳动权利、婚姻家庭等方面在宪法及法律中均有体现。因此，树立以宪法为根基的法治理念，辨别善恶美丑，了解并遵守社会道德以及法律法规，执法律之剑，更好地保护自己权益，就显得尤为重要。

本书的内容——公民基本权利与义务

作为一名中华人民共和国的公民，享有哪些基本权利与义务？宪法的第二章“公民的基本权利和义务”有明文规定，即第三十三条至第五十六条，这是公民参与学习、工作、生活的根基，也是青少年了解宪法应关注的主要内容。其中，公民的基本权利队伍有平等权、宗教信仰自由等13个成员；公民的基本义务队伍有依法纳税、遵纪守法等7个成员。除此之外，还有既是权利又是义务的两对“双胞胎”——劳动、接受教育，以上共计24个基本权利与义务。

本书中，24个基本权利与义务化身和平小学三年级二班的24名同学，每位同学都有自己的爱好、理想，让我们跟随漫画里的他们一起学习基本权利与义务吧！青少年朋友们，首先，你会遇到“脑洞时刻”问题，启发你对相关的地理、文化、历史、经济、哲学等求知欲；其次，从各个权利与义务的特点、具体内容、列举案例、法条链接、权利救济途径等角度，让你觉得法律并不枯燥，使你不仅有公民权利义务意识，而且对权利义务背后涉及的社会现象有更生动形象的认知；最后，从电影、书籍、歌曲、法谚、名人逸事等方面拓展青少年的想象，探索更为广阔的空间。或许你会发现，公民的基本权利义务就藏在我们身边，我们每时每刻都离不开权利与义务，就像生命离不开空气。

少年强则国强

未成年人受中华人民共和国法律保护；保护未成年人，是党政机关、武装力量、社会团体、企业事业单位、城乡基层群众性自治组织、未成年人的监护人和其他成年公民的共同责任。然而有些隐秘的角落，可能是相关保护措施触及不到或不能及时触及的，当面临保护不周全时，希望青少年们能够通过学习宪法中的公民基本权利与义务，拿起法律武器保护自己，为自己穿上勇敢又智慧的“铠甲”。

当你们看到少数民族同学时，要知道各民族要彼此尊重、互相团结；当因家里没钱供你们上学时，要知道应该寻求谁的帮助；当你们坐在奔驰的高铁上、享受高科技带来的便捷时，要知道基础设施是大家依法纳税的功劳；当你们听到别的国家因战争导致好多人无家可归、颠沛流离时，要知道保家卫国、维护祖国统一的重要；当你们遇到虐待老人、儿童行为时，要知道如何自救甚至去帮助别人……苏格拉底说：“教育不是灌输，而是点燃火焰。”希望有朝一日，中华少年无所畏惧，心中有安全、有底气、有规则、有祖国归属感、有遵从自己意愿的自由、有对美好生活的向往。

目录 Contents

序章　宪法知多少

什么是宪法？我们最常听到的一种说法是，宪法是国家的根本大法。在一个国家的法律体系中，“宪法至上”，它具有最高的法律效力，是制定其他各种法律、法规的最高依据，构成国家法律体系和法治统一的基础；因此，人们常把宪法形象地称为“母法”，而把其他法律称为“子法”。依据《中国特色社会主义法律体系》白皮书的划分，我国法律体系见下图。

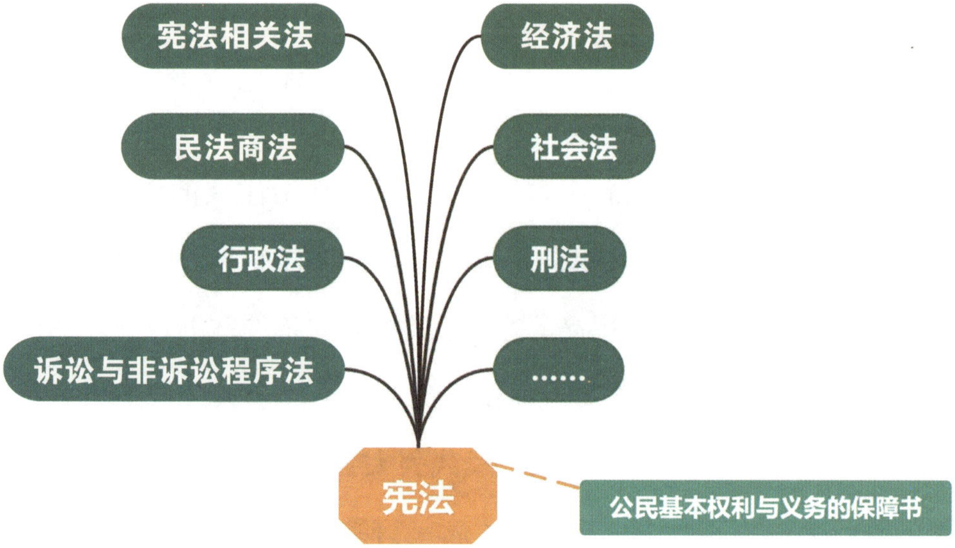

既然宪法这么“高大上”，那它是不是离我们很远呢？恰恰相反，从我们出生开始，到接受教育、劳动就业，再步入婚姻、退休养老以及纳税、服兵役……宪法规定了我们一生中各个阶段、各个方面的权利和义务，保护着我们，因此，它又被称为公民权利与义务的保障书。

那么，宪法到底是一部什么样的法律？我国的宪法是如何制定的？它规定了哪些内容？又是如何和我们息息相关的呢？

一、我国宪法的制定和发展历程

我国现行宪法可以追溯到中华人民共和国成立前夕。1949年9月21日至30日，中国人民政治协商会议召开，通过了《中国人民政治协商会议共同纲领》(以下简称《共同纲领》)，作为临时宪法，对新中国的建设起到了十分重要的作用。

《共同纲领》颁布后，经过几年的发展，国家生活的各个方面都发生了巨大变化，人民群众的政治素质也不断提高，制定正式宪法的条件逐渐成熟。1953年3月，中央人民政府委员会颁布《中华人民共和国全国人民代表大会及地方各级人民代表大会选举法》，并逐步召开地方各级人民代表大会，同时成立以毛泽东主席为首的宪法起草委员会。当年12月，毛泽东主席一行乘火车从北京到杭州，准备起草

《中华人民共和国宪法》。经过多次修改后，1954年9月20日，第一届全国人民代表大会第一次全体会议以无记名投票方式，一致通过了新中国的第一部宪法，即1954年宪法。宪法除了序言，分为4章共106条。

后来，我国根据国家政治、经济与文化发展的需要，先后通过三部宪法，即1975年宪法、1978年宪法和1982年宪法（现行宪法）。

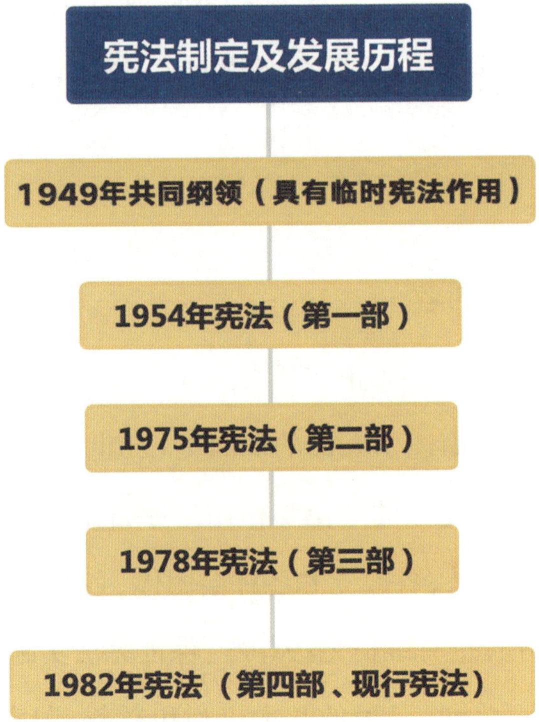

“宪法只有不断适应新形势、吸纳新经验、确认新成果、作出新规范，才具有持久生命力。”根据我国改革开放和社会主义现代化建设的实践和发展，1988年、1993年、1999年、2004年和2018年，全国人大先后五次对现行宪法个别条款和部分内容作出了修正，共产生了52条修正案，使它能够紧跟时代前进步伐，不断与时俱进。修正后的现行宪法除了序言，分为4章共143条。

为了增强全社会的宪法意识、弘扬宪法精神、加强宪法实施、全面推进依法治国，2014年11月1日，十二届全国人大常委会第十一次会议表决通过决定，将每年的12月4日设立为“国家宪法日”。

二、我国宪法的主要内容

我国现行宪法主要包括序言和正文两大部分。

序言的内容十分丰富，简述了人民的革命史、20世纪以来的历史大事等，规定了国家的根本任务，确认了宪法的地位与作用。序言结尾专门强调，“全国各族人民、一切国家机关和武装力量、各政党和各社会团体、各企业事业组织，都必须以宪法为根本的活动准则，并且负有维护宪法尊严、保证宪法实施的职责”。

正文的排列顺序是：总纲，公民的基本权利和义务，国家机构，国旗、国歌、国徽、首都。值得一提的是，在我国前三部宪法中，“公民的基本权利和义务”位于“国家机构”之后，现行的1982年宪法将“公民的基本权利和义务”提到了前面，从而强化了对公民基本权利的保障。

第一章：总纲包括第一条至第三十二条，规定的主要内容包括：国家制度，即规定人民民主专政制度和人民代表大会制度；国家结构形式，即规定实行单一制的国家结构形式、实行民族区域自治制度；社会主义法治的基本原则；国家的基本经济制度和经济政策；社会主义精神文明建设等。

第二章：公民的基本权利和义务包括第三十三条至第五十六条，共24条，规定了公民在政治、经济、社会和文化生活等方面享有的广泛的权利和自由，并规定了相应的保障措施。

第三章：国家机构包括第五十七条至第一百四十条，共84条，具体规定了全国人民代表大会及其常务委员会、国家主席、国务院、中央军事委员会、地方各级人民代表大会和地方各级人民政府、民族自治地方的自治机关、监察委员会、人民法院和人民检察院等的产生、职权与活动程序，确立了以宪法为基础的完整的国家机构体系。

第四章：国旗、国歌、国徽、首都包括第一百四十一条至第一百四十三条，共3条，规定了我国的国旗、国歌、国徽和首都等国家标志，体现国家主权。

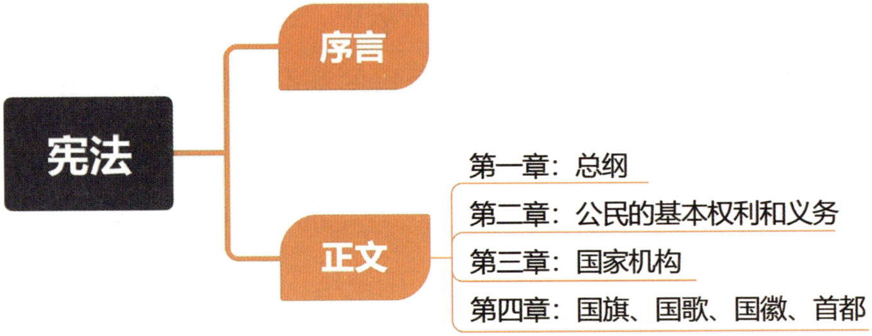

三、我国宪法的核心内容

在宪法中，公民的基本权利和义务是核心内容。这是因为，基本权利是人的“最起码的权利”；对公民基本权利的确认与保障，是整个宪法价值体系的核心之所在。

每一个公民都平等地享有权利和承担义务。权利和义务是辩证统一的，公民享有权利必定要尽义务，尽了义务必定会享有相应的权利，任何人都不能只享受权利而不承担义务。还有的权利和义务密不可分、合为一体。例如，劳动和受教育都既是权利也是义务。

那么，公民的基本权利和义务主要包括哪些内容呢？在本书中，来自和平小学三年级二班的24名小朋友将为大家一一讲解。在这里，先为大家大致介绍一下。

基本权利与义务

- **基本权利**
  - 1. 平等权
  - 2. 政治权利与自由
  - 3. 宗教信仰自由
  - 人身权
    - 4. 人身自由
    - 5. 人格尊严
    - 6. 居住自由
    - 7. 通信自由与通信秘密
  - 8. 监督权
  - 社会经济权利
    - 9. 劳动权利
    - 10. 劳动者的休息权
    - 11. 退休及社会保障权利
  - 文化教育权利
    - 12. 受教育的权利
    - 13. 创造的自由
  - 特定主体的权利
    - 14. 婚姻家庭权益
    - 15. 保障妇女权益
    - 16. 保护侨胞权益
- **基本义务**
  - 1. 维护国家统一、民族团结义务
  - 2. 遵纪守法义务
  - 3. 维护祖国的安全、荣誉和利益义务
  - 4. 保卫祖国、依法服兵役义务
  - 5. 依法纳税义务
  - 6. 受教育义务
  - 7. 劳动义务
  - 8. 自由和权利的限度

公民的基本权利主要可以分为以下八类：

一是平等权。平等权是公民参与社会生活的前提条件，因而在公民基本权利中的地位十分重要。

二是政治权利与自由。政治权利与自由是指公民参与国家政治生活的权利，如享有选举权和被选举权，以及言论、出版、集会、结社、游行、示威自由等。

三是宗教信仰自由。宗教信仰自由是指公民依法自愿地决定是否信仰宗教的自由，是一种“精神自由权”。

四是人身权。人身权是公民基本权利体系的基础，是公民行使政治权利、经济权利等其他权利的前提，主要包括人身自由不受侵犯、人格尊严不受侵犯、住宅不受侵犯、通信自由与通信秘密受法律保护等。

五是监督权。监督权是指公民对国家机关和国家工作人员的监督权，是“国家一切权力属于人民”原则的具体表现，如建议权、批评权、申诉权、控告权等。

六是社会经济权利。社会经济权利是指公民享有的物质利益和社会保障方面的权利，主要包括劳动权、劳动者的休息权、退休及社会保障权利等。

七是文化教育权利。文化教育权利是指公民在接受教育和从事文化活动过程中所享有的权利，主要包括受教育的权利、创造的自由等。

八是特定主体的权利。特定主体的权利主要包括国家保护妇女的权利，婚姻家庭方面的权利，华侨、归侨和侨眷的利益等。

公民的基本义务主要包括：维护国家统一与民族团结，遵纪守法，维护祖国的安全、荣誉和利益，保卫祖国、依法服兵役和参加民兵组织，依法纳税，自由和权利的限度；此外，劳动和受教育也是义务。

和平小学三年级二班共有24名同学，
他们分别代表宪法中的
24个“公民基本权利与义务”，
他们性格不同、兴趣各异，
但每个人都能独当一面，
接下来，就让他们闪亮登场吧！

第一章　公民基本权利与义务（1）

· 平等权 ·

一切人，或至少是一个国家的一切公民，或一个社会的一切成员，都应当有平等的政治地位和社会地位。

——[德]恩格斯《反杜林论》

男孩、女孩有平等接受教育的权利，
不能在职场对女性进行性别歧视，
不可以剥夺老弱病残人群的权利。
我是张一平，
懂得平等待人，
平等是伟大而正直的品格，
让我们一起了解“平等权”。

脑洞时刻

1. 有哪些事物让你联想到平等？什么是平等权？

回答1：天平，左右均衡，不偏不倚。平等权是不分高低贵贱的。

回答2：奥运会与残奥会，身体健全的运动员有竞技的舞台，残疾人也有参与运动、赢得比赛的权利。

我的回答：______________________________

2. 生活中有哪些方面体现了平等或者不平等？

回答1：考试成绩体现平等，以相同的试题来考查大家。

回答2：在招聘过程中，对身高、性别的歧视，比如仅招身高1.7米以上男职工。这种招聘条件就不平等。

我的回答：______________________________

3. 明星享有超越宪法与法律的特权吗？

我的回答：______________________________

Part 1 张一平介绍平等权

张一平

代　表　平等权（宪法第三十三条）

爱　好　喜欢看侦探小说，观察力敏锐，善于从微小的事物中发现真相。

理　想　希望未来能成为一名侦探或者法官，寻找真相，主持正义。

讲　解

公民在法律面前一律平等。

平等权既是我国公民的一项基本权利，也是我国宪法的基本原则。

保护公民的平等权是宪法的基本要求。

宪法条文

《中华人民共和国宪法》

第三十三条 凡具有中华人民共和国国籍的人都是中华人民共和国公民。

中华人民共和国公民在法律面前一律平等。

国家尊重和保障人权。

任何公民享有宪法和法律规定的权利,同时必须履行宪法和法律规定的义务。

Part 2 科普时间

平等权包括

男女平等、民族平等、
在法律面前一律平等。

1. 平等权具体体现在哪些方面?

公民同等地依法享有权利和履行义务,不受任何差别对待。

2. 举例说一下法律中有哪些规定体现平等权?

① 《民法典》:夫妻在婚姻家庭中地位平等;继承权男女平等。

② 《刑法》:对任何人犯罪,在适用法律上一律平等。

不允许任何人有超越法律的特权。

③ 《民族区域自治法》:关于各民族平等的规定。

④ 《劳动法》:关于平等就业权、同工同酬的规定。

⑤ 《义务教育法》:关于适龄儿童、少年受教育的权利与义务,不分性别、民族、种族、家庭财产状况、宗教信仰等,一律平等。

3. 平等权的例外——合理差别

宪法和法律中所采取的合理差别。例如:

(1)年龄上的差异:

例如,宪法规定年满18周岁的公民有选举权和被选举权;

刑法区分刑事责任年龄阶段。

(2)人的生理差异:

例如,劳动合同法规定女性的孕期保护;

刑法规定怀孕期间的刑罚执行。

(3)民族的差异:

例如,我国法律对少数民族实行一定的特殊扶持措施。

例如,《民族区域自治法》第七十一条规定:

国家加大对民族自治地方的教育投入,并采取特殊措施,帮助民族自治地方加速普及九年义务教育和发展其他教育事业,提高各民族人民的科学文化水平。

国家举办民族高等学校,在高等学校举办民族班、民族预科,专门或者主要招收少数民族学生,并且可以采取定向招生、定向分配的办法。高等学校和中等专业学校招收新生的时候,对少数民族考生适当放宽录取标准和条件,对人口特少的少数民族考生给予特殊照顾。各级人民政府和学校应当采取多种措施帮助家庭经济困难的少数民族学生完成学业。

国家在发达地区举办民族中学或者在普通中学开设民族班,招收少数民族学生实施中等教育。

国家帮助民族自治地方培养和培训各民族教师。国家组织和鼓励各民族教师和符合任职条件的各民族毕业生到民族自治地方从事教育教学工作,并给予他们相应的优惠待遇。

提问
学校的做法违反法律规定吗？

Part 4 拓展·法条链接

《中华人民共和国宪法》

第四条第一款　中华人民共和国各民族一律平等。国家保障各少数民族的合法的权利和利益，维护和发展各民族的平等团结互助和谐关系。禁止对任何民族的歧视和压迫，禁止破坏民族团结和制造民族分裂的行为。

第四十八条　中华人民共和国妇女在政治的、经济的、文化的、社会的和家庭的生活等各方面享有同男子平等的权利。

国家保护妇女的权利和利益，实行男女同工同酬，培养和选拔妇女干部。

《中华人民共和国民法典》

第四条　民事主体在民事活动中的法律地位一律平等。

第十四条　自然人的民事权利能力一律平等。

第一百一十三条　民事主体的财产权利受法律平等保护。

《中华人民共和国劳动法》

第三条 劳动者享有平等就业和选择职业的权利、取得劳动报酬的权利、休息休假的权利、获得劳动安全卫生保护的权利、接受职业技能培训的权利、享受社会保险和福利的权利、提请劳动争议处理的权利以及法律规定的其他劳动权利。

劳动者应当完成劳动任务，提高职业技能，执行劳动安全卫生规程，遵守劳动纪律和职业道德。

第四十六条第一款 工资分配应当遵循按劳分配原则，实行同工同酬。

Part 5 拓展·王子犯法，庶民同罪

“王子犯法，庶民同罪”是出自《野叟曝言》：“众人都道说那里话，王子犯法，庶民同罪……既犯到官，还有活命的吗？”

《野叟曝言》的作者夏敬渠(1705—1787年)，是清代一个久试不第的落魄文人。据考证，该书为其晚年所作。这样算，“王子犯法，庶民同罪”这句话出现也就距今两百多年的时间。

在《史记·商君列传》中也有一句意思相近的话，征引的是商鞅变法的故事。

商鞅曰：“法之不行，自上犯之。”大意是，(秦国)太子触犯法律，商鞅说：“法律之所以不能贯彻执行，是因为居高位的人犯法，不被惩治。”因太子是国君的继承人，不可施加刑罚，于是对太子的师傅公子虔、公孙贾施加刑罚。这并非王子犯法与庶民同罪的例证。

小结陈词

从“礼不下庶人、刑不上大夫”到“法律面前人人平等”，在追求平等权的道路上，我们走过两千余年的漫漫历程。“王子犯法，庶民同罪”这个曾经遥不可及的法治梦想，历经艰难曲折终得以实现。平等待人，消除心中的歧视。法律面前，没有人享有特权！只有人人都尊重法律、敬畏法律、维护法律的权威和威严，人民生活才能更加健康、快乐、幸福。

第二章　公民基本权利与义务（2）

· 政治权利与自由 ·

切实保障公民权利和政治权利，促进人民有效社会参与，为实现人的全面发展提供更为坚实的民主法治基础。

——《国家人权行动计划（2021—2025年）》

人民是国家的主人，
通过选举产生的人大代表，
反映人民的心声，
为祖国建言献策。
我是董政，
让我们一起了解“政治权利与自由”。

脑洞时刻

1. 小朋友，你会选谁做班长、学习委员、体育委员？你为什么会选他们做班委呢？

回答1：希望选一个受大家喜欢的同学作为班长；他要诚实，有担当。

回答2：让学习刻苦、喜欢帮助他人的同学作为学习委员；让热爱运动、活泼又有集体荣誉感的同学作为体育委员。

我的回答：______________________________

2. 你知道全国“两会”是指什么吗？几年开一次？

回答1：全国“两会”是指“全国人民代表大会”和“中国人民政治协商会议”，由于两场会议大部分于每年3月先后召开全体会议，大部分会议进程也基本上同时进行，故简称“两会”。

回答2：会议每5年称为一届，每年召开一次全体会议，每年会议称×届×次会议。

我的回答：______________________________

Part 1 董政介绍政治权利与自由

董 政

代 表	政治权利与自由（宪法第三十四条、第三十五条）
爱 好	做过一个穿越各个朝代的梦，从此热爱看历史故事，善于总结经验，组织同学参加活动。
理 想	未来想成为一名外交官，让更多外国人了解中国文化。

讲 解

政治权利与自由包括哪些方面呢?

让我们通过下面的图片来了解一下吧。

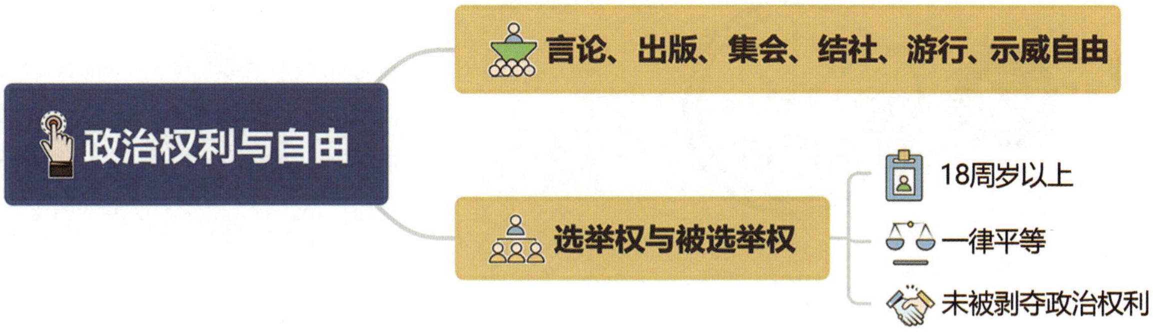

宪法条文

《中华人民共和国宪法》

第三十四条　中华人民共和国年满十八周岁的公民，不分民族、种族、性别、职业、家庭出身、宗教信仰、教育程度、财产状况、居住期限，都有选举权和被选举权；但是依照法律被剥夺政治权利的人除外。

第三十五条　中华人民共和国公民有言论、出版、集会、结社、游行、示威的自由。

Part 2 科普时间

1. 行为能力 · 年龄

未成年人可以独自购买电视或签订金额大的合同吗?

答案:

①以自己的劳动收入为主要生活来源的16～18周岁(不满)的公民以及18周岁以上的公民为完全民事行为能力人,可签订合同。

②8周岁以上的未成年人,属于限制民事行为能力人,所签合同经法定代理人追认后,合同有效;法定代理人拒绝追认的,合同无效。

③不满8周岁的未成年人,是无民事行为能力人,只能由其法定代理人代理民事活动。无民事行为能力人原则上无权订立合同;但是如果订立的合同被其法定代理人追认,则合同有效。

通过上面的答案,我们可以看到一个人是否具有民事行为能力跟年龄有很大关系。此外,民事行为能力还跟一个人能否辨别自己的行为有关。具体来说,判断一个人有无民事行为能力,可以参考下面这张图。

民事行为能力
决定你的行为是否有效

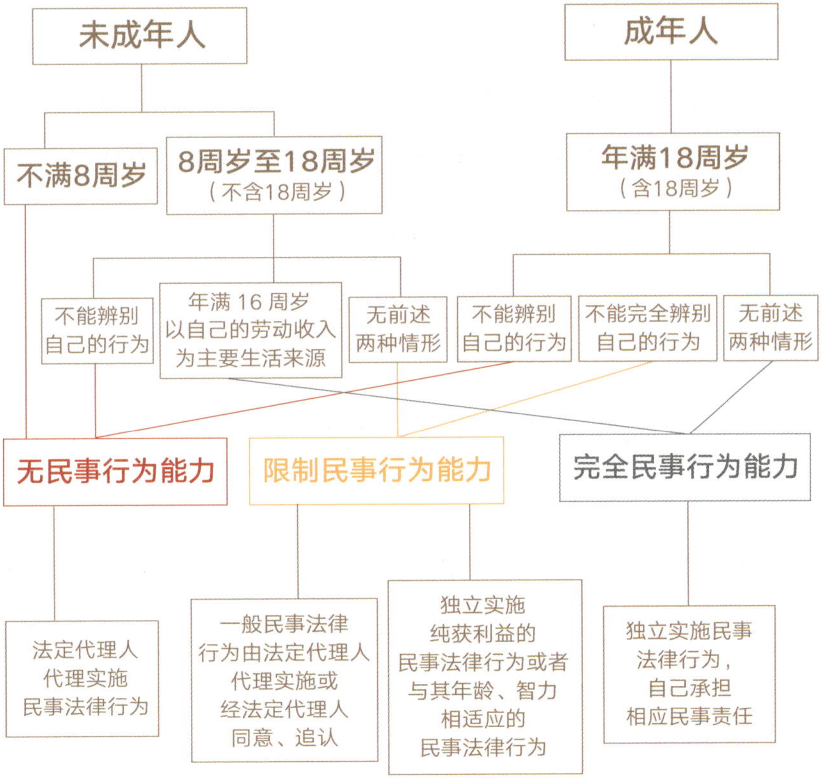

2. 选举权

全国人大代表由谁选举产生?

全国人大代表有人数限制吗?

答案:

全国人民代表大会的代表,一般由省、自治区、直辖市的人民代表大会和人民解放军选举产生。此外,根据全国人民代表大会的特别规定,香港特别行政区、澳门特别行政区根据相应的特别规定,选举全国人民代表大会的代表。

全国人民代表大会代表的名额不超过3000人。

3. 哪些行为违反选举法?

(1)以金钱或者其他财物贿赂选民或者代表,妨害选民和代表自由行使选举权和被选举权的;

(2)以暴力、威胁、欺骗或者其他非法手段妨害选民和代表自由行使选举权和被选举权的;

(3)伪造选举文件、虚报选举票数或者有其他违法行为的;

(4)对于控告、检举选举中违法行为的人,或者对于提出要求罢免代表的人进行压制、报复的。

我只有初中文化，学历不高，有选举权吗？
我今年11岁，我有选举权吗？
我被法院判决剥夺政治权利，我有选举权吗？
提问
以上三人有选举权吗？
第一人有选举权；
第二人因未满18周岁、第三人因被剥夺政治权利，他们目前都没有选举权。
年满18周岁，且未被剥夺政治权利、精神健康的公民，拥有平等的选举权。
公民的选举权与被选举权，不分民族、种族、性别、职业、家庭出身、宗教信仰、教育程度、财产状况、居住期限，一律平等。

Part 4 拓展·法条链接

《中华人民共和国刑法》

第五十四条 剥夺政治权利是剥夺下列权利：

（一）选举权和被选举权；

（二）言论、出版、集会、结社、游行、示威自由的权利；

（三）担任国家机关职务的权利；

（四）担任国有公司、企业、事业单位和人民团体领导职务的权利。

第二百九十六条 举行集会、游行、示威，未依照法律规定申请或者申请未获许可，或者未按照主管机关许可的起止时间、地点、路线进行，又拒不服从解散命令，严重破坏社会秩序的，对集会、游行、示威的负责人和直接责任人员，处五年以下有期徒刑、拘役、管制或者剥夺政治权利。

Part 5 拓展·《国家人权行动计划》

我国目前共有多少期“国家人权行动计划”?

自2009年以来，我国先后制定实施四期国家人权行动计划，分别为《国家人权行动计划(2009—2010年)》、《国家人权行动计划(2012—2015年)》、《国家人权行动计划(2016—2020年)》及正在实施中的《国家人权行动计划(2021—2025年)》。

《国家人权行动计划》包含哪些方面?

《国家人权行动计划》包含7个方面，分别为经济、社会和文化权利，公民权利和政治权利，环境权利，特定群体权益保障，人权教育和研究，参与全球人权治理，实施、监督和评估等。

比如，特定群体权益保障一节特意强调“少数民族权益”“妇女权益”“儿童权益”“老年人权益”“残疾人权益”。

《国家人权行动计划》的具体内容可参见下图：

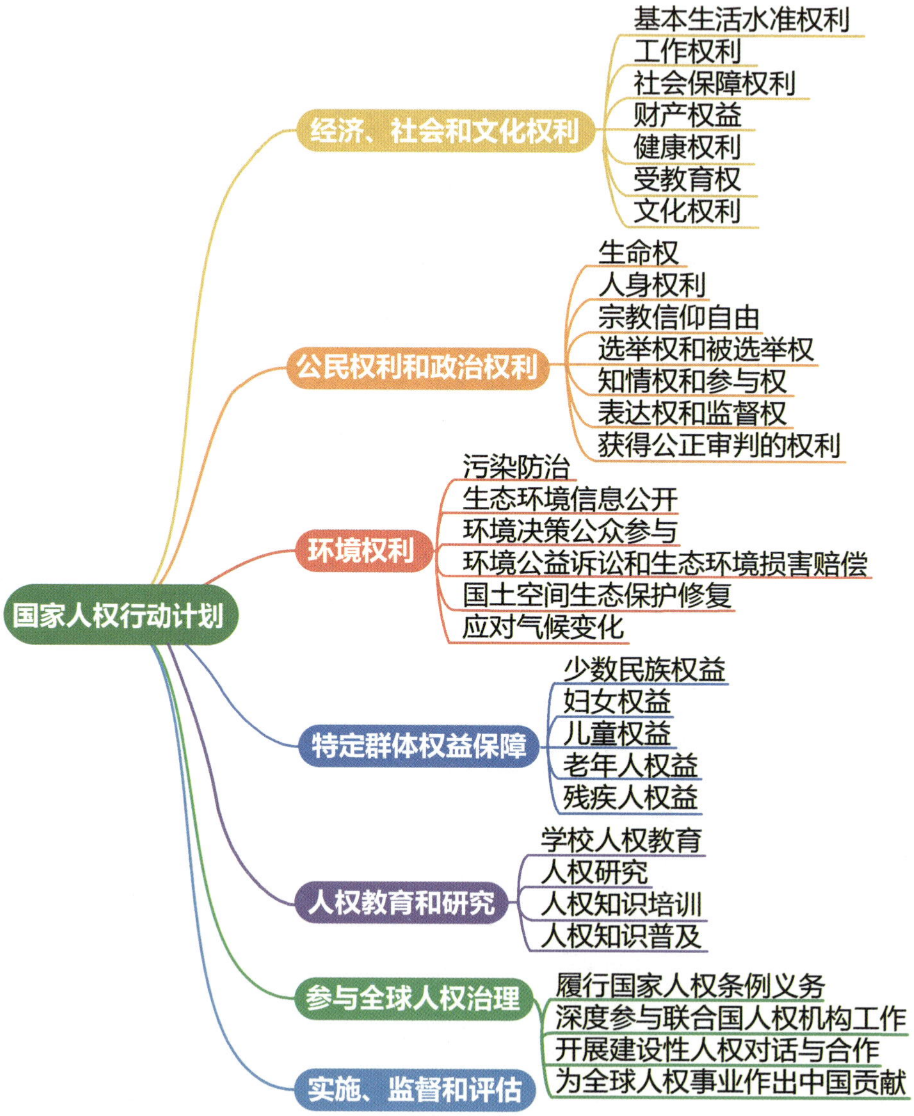

小结陈词

中华民族有5000多年辉煌灿烂文明史；但到清朝的中后期，特别是1840年鸦片战争之后，逐渐成为半殖民地半封建社会，经济衰败、民生凋敝，人民在生存线苦苦挣扎。在新民主主义革命时期，中国共产党领导的中央苏区、陕甘宁边区实行普选制度，给长期受到压迫的人民以参政议政的权利，大大提高人民群众参与革命、参与政权管理的热情。自新中国成立至今，我国在筑牢人民当家作主的根本制度的同时，促进各项人权事业全面发展，城乡按相同人口比例选举人大代表，保证各地区、各民族、各方面都有适当数量的代表；法律草案公开征求意见，建立便捷高效的网络表达平台；选举权受到法律保障，知情权、参与权、表达权保障体系也持续完善。我国先后制定实施完成了三期国家人权行动计划，第四期国家人权行动计划正在有条不紊地实施，相信未来我国人权法治保障会得到进一步加强。

第三章　公民基本权利与义务（3）

· 宗教信仰自由 ·

要完整、准确、全面贯彻党的宗教信仰自由政策，尊重群众宗教信仰，依法管理宗教事务，坚持独立自主自办原则，积极引导宗教与社会主义社会相适应。

——习近平《坚持我国宗教中国化方向》*

我国是一个统一的多民族国家，
也是一个多宗教的国家。
如何处理宗教与各少数民族经济生活的关系，
显得尤为重要。
我国实行宗教信仰自由的政策，
信教与不信教的公民之间要彼此尊重，
不同的宗教之间也要相互尊重，
不能歧视信教或不信教的公民。
我是来自西藏的达瓦卓玛，
让我们一起了解“宗教信仰自由”。

---

* 习近平：《习近平谈治国理政》第四卷，外文出版社2022年版。

脑洞时刻

1. 世界上主要有哪些宗教?

回答1: 基督教、伊斯兰教、佛教并称世界三大宗教。基督教集中在欧美部分国家和地区,伊斯兰教主要在中亚、西亚和北非一些国家和地区,佛教在东南亚部分国家被列为国教。

回答2: 我国主要流传的宗教有佛教、道教、伊斯兰教、天主教和基督教等。

我的回答: ____________________

2. 我国各宗教坚持什么原则?

回答1: 我国各宗教坚持独立自主自办的原则,不受外国势力支配。

回答2: 宗教团体、宗教院校、宗教活动场所、宗教教职人员在相互尊重、平等、友好的基础上开展对外交往。

我的回答: ____________________

3. 藏族、蒙古族人民在迎接朋友时会献上哈达,你知道哈达的寓意吗?

我的回答: ____________________

Part 1 达瓦卓玛介绍宗教信仰自由

达瓦卓玛

代　表　宗教信仰自由（宪法第三十六条）

爱　好　特别喜欢画画，给班级好多同学画过画像，对藏族唐卡情有独钟，善于安慰他人。

理　想　希望未来可以通过绘画让更多人感受到大自然的美丽，欢迎同学们来我的家乡玩。扎西德勒！

讲　解

达瓦代表“月亮”；卓玛的意思是“度母”，一个美丽的女神。当我说一声“扎西德勒”（吉祥如意）时，内心也同时发出善念和祝福。彼此道一声“扎西德勒”，愿对方收获最大善意和祝福。

我国公民有宗教信仰自由。国家保护正常的宗教活动。我国不强制公民信仰宗教或者不信仰宗教。同时，国家强调不得歧视信仰宗教的公民和不信仰宗教的公民。

宪法条文

《中华人民共和国宪法》

第三十六条 中华人民共和国公民有宗教信仰自由。

任何国家机关、社会团体和个人不得强制公民信仰宗教或者不信仰宗教，不得歧视信仰宗教的公民和不信仰宗教的公民。

国家保护正常的宗教活动。任何人不得利用宗教进行破坏社会秩序、损害公民身体健康、妨碍国家教育制度的活动。

宗教团体和宗教事务不受外国势力的支配。

Part 2 科普时间

1. 哈达的寓意是什么？分为哪些种类？

哈达，是蒙古族、藏族人民作为礼仪用的丝织品，是社交活动中的必备品，是表示敬意和祝贺用的长条丝巾或纱巾。

藏文的“哈”是“口”的意思，“达”是“马”的意思，“哈达”两个字直接翻译出来就是口上的一匹马，意思是说这种礼物相当于一匹马的价值。因为一般人在会见的时候，不是随时随地都可以带着马匹来送的，但又不能只是用口说，所以，以前人们就以这种丝织品的“哈达”来代表一匹马了，后来就延伸为敬意和祝贺的意思。

哈达主要分为白色、蓝色、黄色，以及五彩哈达（蓝、白、黄、绿、红）。

蓝色表示蓝天，白色是白云，绿色是江河水，红色是空间护法神，黄色象征大地。

五彩哈达是献给菩萨和近亲时做彩箭用的，是最珍贵的礼物。

2. 宗教与中华武术有哪些奇妙的联系?

宗教文化对中华武术的发展影响深远。例如,中华武术的重要代表之一是少林武术,少林武术运用佛教的禅定方法为其武功基础。

又如,道教是我国土生土长的宗教。在中华武术各种拳法中,以太极拳最集中体现道教的哲理精神。道教武功强调以道御气,以德养性;以柔克刚,以静制动。

3. 宗教活动受法律保护吗? 有哪些限制?

宗教活动应在宪法和法律允许的范围内进行。国家保护正常的宗教活动。

我国法律规定,任何组织和个人不得利用宗教进行危害国家安全、破坏社会秩序、损害公民身体健康、妨碍国家教育制度以及其他损害国家利益、社会公共利益和公民合法权益等违法活动。

4. 非法剥夺公民宗教信仰自由将受到什么处罚?

我国《刑法》第二百五十一条规定,国家机关工作人员非法剥夺公民的宗教信仰自由和侵犯少数民族风俗习惯,情节严重的,处2年以下有期徒刑或者拘役。

非法剥夺公民宗教信仰自由的人,将可能会被判处非法剥夺公民宗教信仰自由罪或侵犯少数民族风俗习惯罪。

Part 3 模拟法庭

咱们假扮成和尚，面前摆放功德箱，就可以坐等收钱！
哈哈，这真是个发财的好办法。
功德箱
你们涉嫌违法行为，请立即停止。
功德箱
提问
此二人在非宗教活动场所假扮和尚、私设功德箱，违法吗？
违法。
冒充僧人、道士从事不正规的宗教活动，这是不允许的。
《宗教事务条例》第四十一条规定，非宗教团体、非宗教活动场所不得组织、举行宗教活动，不得接受宗教性的捐献。
在未经宗教事务部门批准的情况下，擅自在未作为宗教活动场所开放的场所设置功德箱等设施，接受信教公民捐献，是违法行为。

Part 4 拓展·法条链接

《宗教事务条例》

第四条 国家依法保护正常的宗教活动，积极引导宗教与社会主义社会相适应，维护宗教团体、宗教院校、宗教活动场所和信教公民的合法权益。

宗教团体、宗教院校、宗教活动场所和信教公民应当遵守宪法、法律、法规和规章，践行社会主义核心价值观，维护国家统一、民族团结、宗教和睦与社会稳定。

任何组织或者个人不得利用宗教进行危害国家安全、破坏社会秩序、损害公民身体健康、妨碍国家教育制度，以及其他损害国家利益、社会公共利益和公民合法权益等违法活动。

任何组织或者个人不得在不同宗教之间、同一宗教内部以及信教公民与不信教公民之间制造矛盾与冲突，不得宣扬、支持、资助宗教极端主义，不得利用宗教破坏民族团结、分裂国家和进行恐怖活动。

第五条 各宗教坚持独立自主自办的原则，宗教团体、宗教院校、宗教活动场所和宗教事务不受外国势力的支配。

宗教团体、宗教院校、宗教活动场所、宗教教职人员在相互尊重、平等、友好的基础上开展对外交往；其他组织或者个人在对外经济、文化等合作、交流活动中不得接受附加的宗教条件。

《中华人民共和国国家安全法》

第二十七条 国家依法保护公民宗教信仰自由和正常宗教活动，坚持宗教独立自主自办的原则，防范、制止和依法惩治利用宗教名义进行危害国家安全的违法犯罪活动，反对境外势力干涉境内宗教事务，维护正常宗教活动秩序。

国家依法取缔邪教组织，防范、制止和依法惩治邪教违法犯罪活动。

Part 5 拓展·电影《冈仁波齐》

普拉村村民尼玛扎堆在父亲去世后决定完成父亲的遗愿，带着叔叔去拉萨和神山冈仁波齐朝圣。时正马年，正好是神山冈仁波齐百年一遇的本命年，小村里很多人都希望加入尼玛扎堆的朝圣队伍。

这支队伍里有即将临盆的孕妇、家徒四壁的屠夫、自幼残疾的少年，每个人都有着不同的故事也怀揣着各自的希望。为了去冈仁波齐，这支11人的队伍踏上了历时一年、长达2000多公里的朝圣之路……

小结陈词

万物有灵，万物平等。每个人都是生长在地球上独一无二的生命。我们会面对喜怒哀乐、爱恨情仇、生老病死，不论你是无神论者，还是信徒，希望彼此之间是善意、包容而友好，安宁呼吸，自由畅快，共同守护我们美丽的家园。

第四章　公民基本权利与义务（4）

· 人身自由 ·

在立法、执法和司法中充分尊重和保障公民的各项人身权利，坚持依法惩治犯罪与保障人权相统一。

——《国家人权行动计划（2021—2025年）》

人身权利，是指公民依法享有的与人身有关的权利。
人身权利主要包括四部分：人身自由、人格尊严、居住自由、通信自由与通信秘密。
在没有正当理由的情况下，任何人不能对我们进行搜身，不能控制拘禁我们的身体，让我们丧失人身自由。
我是权由由，是“人身权利”四姐妹中的大姐——“人身自由”。

脑洞时刻

1. 我们身体由哪些部位组成？有哪些器官？

回答1：我们的身体从外表上看，分为头、颈、躯干、四肢；身体表面是皮肤，皮肤下面是皮下组织、肌肉、骨骼，等等。

回答2：胸腔里有心、肺；腹腔里有胃、肠、胰、脾、肾、膀胱等内脏；颅骨是头部的支架，由23块形状不同的骨头连接而成，容纳并保护脑、眼、耳、鼻及口等器官……

我的回答：______________________________

2. 在日常生活中，与我们人身有关的权利有哪些呢？

回答1：和人体构造一样，与人身有关的权利包含很多。比如，我们对创作的文章有著作权，别人不能抄袭；我们对自己的名誉有名誉权，别人不能污蔑、诽谤。

回答2：健康权。比如，过马路被汽车撞伤，和同学追逐嬉戏中被意外推搡受伤，等等，如果我们的身体受伤，我们的健康权可能被侵犯。

我的回答：______________________________

3. 身体生病了，需要去医院医治；人身权利被侵犯时，我们该怎么办呢？

我的回答：______________________________

Part 1 权由由介绍人身自由

权由由

代　表　人身自由（宪法第三十七条）

爱　好　喜欢蔚蓝的大海，晚上睡觉前要听五分钟海浪声，在海边捡过好多贝壳，乐于和大家分享。

理　想　希望未来成为一名海洋学家，探索像海豚这样可爱的海洋生物，还有没被发现的神秘海洋生物。

讲　解

法律规定人身自由不受侵犯，主要包括：(1)禁止非法拘禁；(2)禁止非法逮捕；(3)禁止非法搜查；(4)禁止其他非法侵害人身自由的行为。

宪法条文

《中华人民共和国宪法》

第三十七条 中华人民共和国公民的人身自由不受侵犯。

任何公民，非经人民检察院批准或者决定或者人民法院决定，并由公安机关执行，不受逮捕。

禁止非法拘禁和以其他方法非法剥夺或者限制公民的人身自由，禁止非法搜查公民的身体。

Part 2 科普时间

1. 民法中的两大基本权利为人身权、财产权，其中，人身权包括哪些方面？

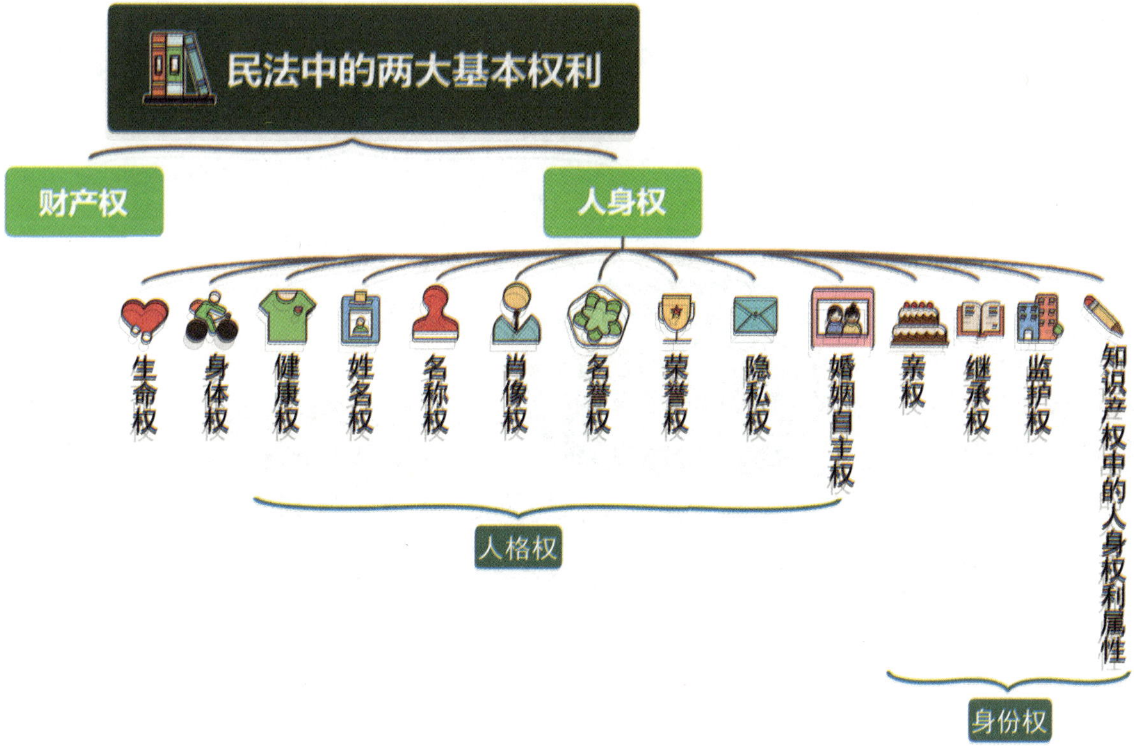

人身权利包括生命健康不受侵犯，人身自由不受侵犯，人格尊严不受侵犯，住宅不受侵犯，通信自由和通信秘密不受侵犯等。

人身权利具体可详细划分为人格权与身份权。

试着把上面罗列的权利各举一个例吧。

我的回答：________________________________

2. 人身自由权利包含哪四个方面？哪些机关有权依法限制相关人员的人身自由？

人身自由权利包含下图所展现的四个方面：

公民在法律规定范围内，人身和行动完全受自己支配。除了检察院、法院、公安机关等依法行使职权外，其他个人、组织、机关无权限制我们的人身自由。

通过逮捕可以限制人身自由。逮捕，是指检察院批准或决定，法院决定，公安机关执行的，对有证据证明有犯罪事实，可能判处徒刑以上刑罚的犯罪嫌疑人、被告人在一定时间内完全剥夺人身自由的强制措施。

3. 若遇到被拐卖等控制人身自由的违法行为，小朋友们应该如何保护自己?

（1）若在公共场合发现受骗，立即向人多的地方靠近，并大声呼救；

（2）如发现已被控制人身自由，保持镇静，设法了解买主或所处场所的真实地址（省、市、县、乡镇、村、组）及基本情况；

（3）向人贩子、买主及相关人员宣讲国家法律，告知其严重后果，伺机外出求援或逃走，但要注意确保自己的人身安全是第一位的；

（4）采取写小纸条等方式向周围人暗示你的处境，请求外人帮助，设法与外界取得联系；

（5）不要放弃，想方设法寻找机会向公安机关报案，拨打电话、发送短信或通过网络等一切可与外界联系的方式尽快报警，说明你所在的地方、买主（雇主）姓名或联系电话。

Part 3

模拟法庭

今天吃饺子，家里没醋了，你去超市买瓶醋。
小明来到超市，正挑选醋。
店里少了十节电池，在场的顾客都不能走，要搜身检查以示清白。
提问
超市经理可以对顾客进行搜身吗？
不可以搜身，这种行为是违法的。任何人不得非法搜查公民的身体。
若出现此种情况，超市应当采取报警方式，而非自行搜查公民身体。
在我国，除了公安、安全、检察机关为寻找犯罪证据，可持搜查证对嫌疑人的身体、住宅依法进行搜查外，其他任何机关或个人均无权进行搜查。

Part 4 拓展 · 法条链接

《中华人民共和国治安管理处罚法》

第四十条 有下列行为之一的，处十日以上十五日以下拘留，并处五百元以上一千元以下罚款；情节较轻的，处五日以上十日以下拘留，并处二百元以上五百元以下罚款：

（一）组织、胁迫、诱骗不满十六周岁的人或者残疾人进行恐怖、残忍表演的；

（二）以暴力、威胁或者其他手段强迫他人劳动的；

（三）非法限制他人人身自由、非法侵入他人住宅或者非法搜查他人身体的。

《中华人民共和国刑法》

第二百三十八条 非法拘禁他人或者以其他方法非法剥夺他人人身自由的，处三年以下有期徒刑、拘役、管制或者剥夺政治权利。具有殴打、侮辱情节的，从重处罚。

犯前款罪，致人重伤的，处三年以上十年以下有期徒刑；致人死亡的，处十年以上有期徒刑。使用暴力致人伤残、死亡的，依照本法第二百三十四条、第二百三十二条的规定定罪处罚。

为索取债务非法扣押、拘禁他人的，依照前两款的规定处罚。

国家机关工作人员利用职权犯前三款罪的，依照前三款的规定从重处罚。

第二百三十九条　以勒索财物为目的绑架他人的，或者绑架他人作为人质的，处十年以上有期徒刑或者无期徒刑，并处罚金或者没收财产；情节较轻的，处五年以上十年以下有期徒刑，并处罚金。

犯前款罪，杀害被绑架人的，或者故意伤害被绑架人，致人重伤、死亡的，处无期徒刑或者死刑，并处没收财产。

以勒索财物为目的偷盗婴幼儿的，依照前两款的规定处罚。

Part 5 拓展 · 电影《解救吾先生》

电影《解救吾先生》于2015年上映，根据2004年演员吴若甫绑架案的真实案例改编，讲述了一场警察全力解救“吾先生”，与绑匪斗智斗勇20小时的惊险故事。

在吴若甫被绑架的真实案件中，该案主犯最终以犯绑架罪，非法买卖枪支罪，非法持有枪支、弹药罪，被判处死刑，剥夺政治权利终身，没收个人全部财产。

小结陈词

青少年朋友们，我们每个人都是自己身体的主人，要对自己负责，好好爱护身体。加强体育锻炼，补充营养；遇到自己热爱的事物，要勤奋努力去争取；若别人欺负、伤害你，勇敢地说："不！"要相信，好人还是大多数的，生命健康永远是第一位的，要找到科学有效的方式寻求帮助。即便发生了不好的事情，这也不是你的错误，这是坏人的责任。乌云遮不住太阳，像那勇敢的海燕，继续乐观不畏地加油吧！

第五章　公民基本权利与义务（5）

· 人格尊严 ·

富贵不能淫，贫贱不能移，威武不能屈，此之谓大丈夫。

——《孟子·滕文天下》

不论男女老少、贫穷富贵，
每个人都享有人格尊严。
人格尊严的保障程度，
往往标志着社会文明发展程度。
得道多助，失道寡助。
不能以辱骂、殴打方式侮辱别人，
不能撒谎、捏造是非去诬陷别人，
互尊互信、互助合作，
向着更好的未来加油。
我是权尊尊，
是“人身权利”四姐妹中的
二姐——“人格尊严”。

脑洞时刻

1. 电视节目报道中的犯罪嫌疑人，一般会被打上马赛克，这是为什么呢?

回答1：因为犯罪嫌疑人未经法院审判定罪，不一定是罪犯，打上马赛克是保护他的隐私权。

回答2：犯罪嫌疑人没被打马赛克而直接公布在媒体平台，可能会给犯罪嫌疑人及其家属生活造成不良影响。

我的回答：______________________________

2. 公民有人格权，那公司是否有人格权呢?

回答1：公司作为法人享有人格权，如名称权、名誉权和荣誉权。

回答2：区别于自然人，法人、非法人组织并不享有生命权、健康权等权利。

我的回答：______________________________

3. 遇到被他人辱骂、被捏造并散布虚假事实等损害名誉的行为，该如何维权呢?

我的回答：______________________________

Part 1 权尊尊介绍人格尊严

权尊尊

代　表　人格尊严（宪法第三十八条）

爱　好　喜欢观察花花草草，一粒种子长成一朵漂亮的花儿是世界上最神奇的事情。

理　想　希望未来可以开一间花店或者成为植物学家，为每一个可爱的人送上芬芳的花朵。

讲　解

每个公民的名誉、姓名、肖像、隐私、荣誉不容被侵犯，平等地受到国家承认和尊重。

公民享有作为“人”的最起码的社会地位和受到他人与社会最起码尊重的权利。

宪法条文

《中华人民共和国宪法》

第三十八条 中华人民共和国公民的人格尊严不受侵犯。禁止用任何方法对公民进行侮辱、诽谤和诬告陷害。

Part 2 科普时间

1. 人格尊严包含哪些方面?

名誉权:名誉是对民事主体的品德、声望、才能、信用等的社会评价。民事主体享有名誉权。任何组织或者个人不得以侮辱、诽谤等方式侵害他人的名誉权。[行为人为公共利益实施新闻报道、舆论监督等行为,影响他人名誉的,不承担民事责任,但是有下列情形之一的除外:(1)捏造、歪曲事实;(2)对他人提供的严重失实内容未尽到合理核实义务;(3)使用侮辱性言辞等贬损他人名誉。]

姓名权:民事主体有权依法决定、使用、变更或者许可他人使用自己的姓名,但是不得违背公序良俗。自然人应当随父姓或者母姓,但是有下列情形之一的,可以在父姓和母姓之外选取姓氏:(1)选取其他直系长辈血亲的姓氏;(2)因由法定扶养人以外的人扶养而选取扶养人姓氏;(3)有不违背公序良俗的其他正当理由。少数民族自然人的姓氏可以遵从本民族的文化传统和风俗习惯。

肖像权:肖像是通过影像、雕塑、绘画等方式在一定载体上所反映的特定自然人可以被识别的外部形象。自然人享有肖像权，有权依法制作、使用、公开或者许可他人使用自己的肖像。

隐私权：隐私是自然人的私人生活安宁和不愿为他人知晓的私密空间、私密活动、私密信息。自然人享有隐私权。任何组织或者个人不得以刺探、侵扰、泄露、公开等方式侵害他人的隐私权。除法律另有规定或者权利人明确同意外，任何组织或者个人不得实施下列行为：（1）以电话、短信、即时通信工具、电子邮件、传单等方式侵扰他人的私人生活安宁；（2）进入、拍摄、窥视他人的住宅、宾馆房间等私密空间；（3）拍摄、窥视、窃听、公开他人的私密活动；（4）拍摄、窥视他人身体的私密部位；（5）处理他人的私密信息；（6）以其他方式侵害他人的隐私权。

荣誉权：因自身突出贡献或者特殊劳动成果而获得光荣称号或其他荣誉的权利。任何组织或者个人不得非法剥夺他人的荣誉称号，不得诋毁、贬损他人的荣誉。

《未成年人保护法》第四条特别规定，尊重未成年人的人格尊严，是保护未成年人的工作应遵循原则之一。

2. 破坏人格尊严的方式有哪些？

侮辱：用语言（包括书面和口头）或行动，公然损害他人人格、毁坏他人名誉的行为。例如，通过大字报、小字报、漫画或下流、肮脏语言等形式嘲讽、辱骂他人，使其心灵蒙受污辱。

诽谤：捏造并散布某些虚假事实，破坏他人名誉的行为。例如，捏造负面消息，四处张扬、传播，损坏他人名誉。

诬告陷害：捏造事实，作虚假告发，意图陷害他人的行为。意图使他人受刑事追究，情节严重的行为，可能构成“诬告陷害罪”。

3. 哪些情形属于肖像权的合理使用?

《民法典》第一千零二十条规定，合理实施下列行为的，可以不经肖像权人同意：

（1）为个人学习、艺术欣赏、课堂教学或者科学研究，在必要范围内使用肖像权人已经公开的肖像；

（2）为实施新闻报道，不可避免地制作、使用、公开肖像权人的肖像；

（3）为依法履行职责，国家机关在必要范围内制作、使用、公开肖像权人的肖像；

（4）为展示特定公共环境，不可避免地制作、使用、公开肖像权人的肖像；

（5）为维护公共利益或者肖像权人合法权益，制作、使用、公开肖像权人的肖像的其他行为。

我国《民法典》将“人格权”独立成编，构建了一个完整的人格权体系，强化了对人格尊严的维护，体现了宪法保护人格尊严的价值。

Part 3 模拟法庭

提问

上图中的三种行为是否侵犯了他人权利？

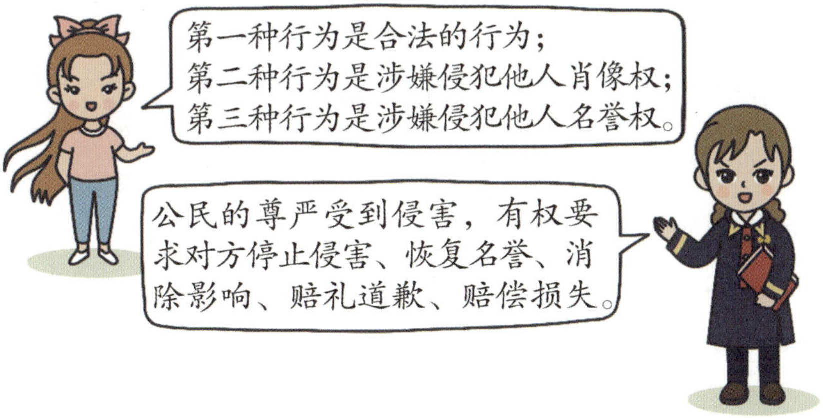

Part 4 拓展·法条链接

《中华人民共和国民法典》

第一百八十五条 侵害英雄烈士等的姓名、肖像、名誉、荣誉，损害社会公共利益的，应当承担民事责任。

第一千零一十七条 具有一定社会知名度，被他人使用足以造成公众混淆的笔名、艺名、网名、译名、字号、姓名和名称的简称等，参照适用姓名权和名称权保护的有关规定。

《中华人民共和国治安管理处罚法》

第四十二条 有下列行为之一的，处五日以下拘留或者五百元以下罚款；情节较重的，处五日以上十日以下拘留，可以并处五百元以下罚款：

（一）写恐吓信或者以其他方法威胁他人人身安全的；

（二）公然侮辱他人或者捏造事实诽谤他人的；

（三）捏造事实诬告陷害他人，企图使他人受到刑事追究或者受到治安管理处罚的；

（四）对证人及其近亲属进行威胁、侮辱、殴打或者打击报复的；

（五）多次发送淫秽、侮辱、恐吓或者其他信息，干扰他人正常生活的；

（六）偷窥、偷拍、窃听、散布他人隐私的。

《中华人民共和国刑法》

第二百四十三条 捏造事实诬告陷害他人，意图使他人受刑事追究，情节严重的，处三年以下有期徒刑、拘役或者管制；造成严重后果的，处三年以上十年以下有期徒刑。

国家机关工作人员犯前款罪的，从重处罚。

不是有意诬陷，而是错告，或者检举失实的，不适用前两款的规定。

第二百四十六条 以暴力或者其他方法公然侮辱他人或者捏造事实诽谤他人，情节严重的，处三年以下有期徒刑、拘役、管制或者剥夺政治权利。

前款罪，告诉的才处理，但是严重危害社会秩序和国家利益的除外。

通过信息网络实施第一款规定的行为，被害人向人民法院告诉，但提供证据确有困难的，人民法院可以要求公安机关提供协助。

Part 5 拓展 “狼牙山五壮士”名誉权侵权纠纷

2013年11月8日，洪某在杂志发表文章，通过强调与基本事实无关或者关联不大的细节，甚至与网民张某对“狼牙山五壮士”的污蔑性谣言相呼应，质疑“五壮士”英勇抗敌、舍生取义的基本事实，颠覆“五壮士”的英勇形象，贬损、降低“五壮士”的人格评价。

文章发表后，“狼牙山五壮士”中的两位英雄的后人认为该文以历史考据、学术研究为幌子，以细节否定英雄，企图达到抹黑“狼牙山五壮士”英雄形象和名誉的目的，于2015年8月25日诉至北京市西城区人民法院，请求判令洪某停止侵权、公开道歉、消除影响。

法院最终判决洪某立即停止侵害行为；公开发布赔礼道歉公告，向原告赔礼道歉，消除影响。这一案例被最高人民法院选入第19批指导案例。

小结陈词

“我如果爱你，绝不像攀援的凌霄花，借你的高枝炫耀自己……你有你的铜枝铁干，像刀，像剑，也像戟；我有我红硕的花朵，像沉重的叹息，又像英勇的火炬。我们分担寒潮、风雷、霹雳；我们共享雾霭、流岚、虹霓。仿佛永远分离，却又终身相依……”这首舒婷的《致橡树》告诉我们，要自尊自爱。如果成为不了山顶上的苍松翠柏，那就做不怕风雨的小树小草吧，当一棵彩虹下最好的小树，一棵蓬勃生长的小草，照样装点美丽的世界。做一个最好的你，自尊自爱。自尊就是尊重自己，自爱就是爱护自己。只有先尊重、爱护自己，才能尊重、爱护别人，而别人也才能尊重、爱护你。

第六章　公民基本权利与义务（6）

· 居住自由 ·

安得广厦千万间，大庇天下寒士俱欢颜，风雨不动安如山。

——（唐）杜甫《茅屋为秋风所破歌》

即便没有偷盗或损坏财产，
未经房主同意，
任何人也不得非法进出他人的房屋，
不得非法搜查他人的房屋，
私闯民宅是违法行为。
愿所有人都有房可居。
我是权宅宅，
是“人身权利”四姐妹中的
三姐——“居住自由”。

脑洞时刻

1. 什么是住宅？用途是什么？举例说明一下。

回答1：住宅一般是指专供居住的房屋，用于生活起居。

回答2：一般指相对隔离的空间，供一家人日常起居，外人不能随意进入的封闭空间。

我的回答：______________________________

2. 未经房主同意可以进出他人房屋吗？有例外情况吗？

回答1：不可以。公安机关为了侦查案件，可以在合法情形下进入他人房屋。

回答2：除了公安机关，还有检察机关等侦查机关及国家安全机关在合法情形下可以进出他人房屋外，其他人不得非法进入他人房屋。

我的回答：______________________________

3. 住宅属于动产还是不动产？如何认定谁是房屋所有权人呢？

我的回答：______________________________

Part 1 权宅宅介绍居住自由

权宅宅

代　表　住宅不受侵犯（宪法第三十九条）

爱　好　喜欢看妈妈设计楼房的样子，家是我们避风的港湾，是世界上最温暖的地方。

理　想　希望未来可以成为一名建筑设计师，建造各种舒适、有爱又安全的楼房，给每个人带来更多的温暖。

讲　解

我们所住的房屋，涉及我们的私生活、财产的保存。

任何人不能非法侵入我们每一个公民居住、生活的场所。

宪法条文

《中华人民共和国宪法》

第三十九条 中华人民共和国公民的住宅不受侵犯。禁止非法搜查或者非法侵入公民的住宅。

Part 2 科普时间

1. 居住自由包括哪些方面？

居住自由的内容可以具体看下面这幅图。

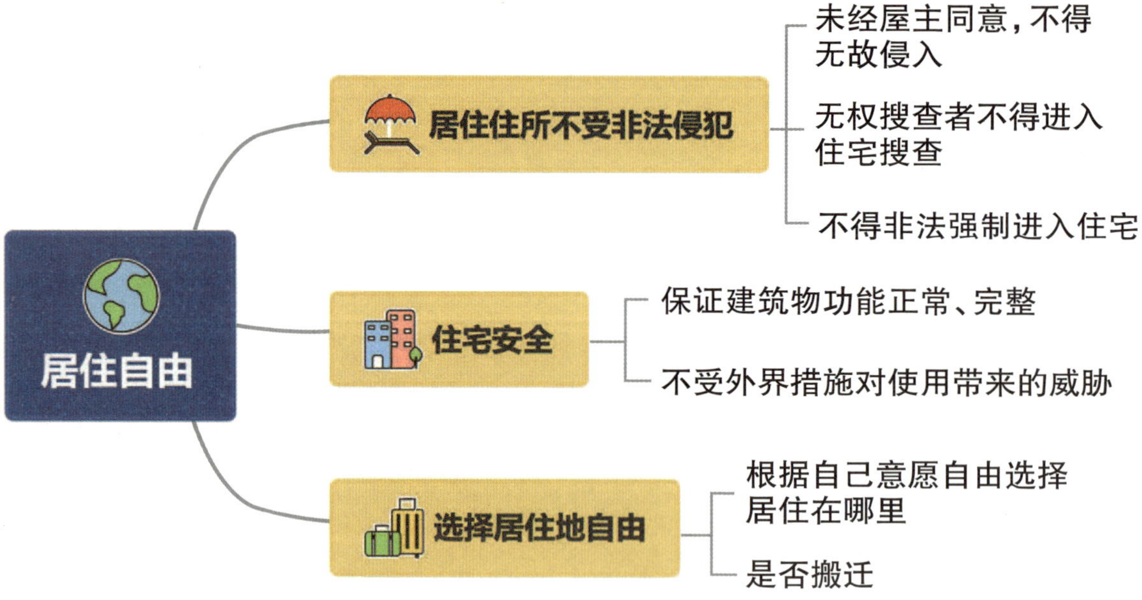

2. 侦查机关合法搜查的条件是什么?

(1)由公安、检察机关等侦查机关的侦查人员进行;

(2)不得少于两名侦查人员;

(3)向被搜查人出示搜查证;

(4)在搜查的时候,应当有被搜查人或者其家属、邻居或者其他见证人在场。

侦查机关必须满足上述四个条件才能依法搜查,否则,被搜查人有权拒绝搜查。

当然,也有例外的特殊情形。那么,在哪些情形下不用搜查证也可以进行搜查?

根据相关法律的规定,在执行逮捕、拘留时,遇有下列紧急情况之一时,不用搜查证也可以进行搜查:

(1)可能随身携带凶器的;

(2)可能隐藏爆炸、剧毒等危险物品的;

(3)可能隐匿、毁弃、转移犯罪证据的;

(4)可能隐匿其他犯罪嫌疑人的;

(5)其他突然发生的紧急情况。

Part 3 模拟法庭

马上要过年了，借给你的1万元什么时候还我呀？
不好意思，年前一定还。
等不及了，我直接闯进门讨债。
202
我等不到过年了，马上还钱！
提问
为了讨要欠款而私闯他人住宅，这种行为恰当吗？
不恰当。一定要合法讨债。
即便闯入住宅后没有做出任何侵犯他人人身安全和财产权的违法行为，这种行为也不合法。住户报案之后，私闯住宅的当事人可能面临15日以下的治安拘留和罚款。

Part 4 拓展·法条链接

《中华人民共和国治安管理处罚法》

第四十条 有下列行为之一的，处十日以上十五日以下拘留，并处五百元以上一千元以下罚款；情节较轻的，处五日以上十日以下拘留，并处二百元以上五百元以下罚款：

（一）组织、胁迫、诱骗不满十六周岁的人或者残疾人进行恐怖、残忍表演的；

（二）以暴力、威胁或者其他手段强迫他人劳动的；

（三）非法限制他人人身自由、非法侵入他人住宅或者非法搜查他人身体的。

《中华人民共和国刑法》

第二百四十五条 非法搜查他人身体、住宅，或者非法侵入他人住宅的，处三年以下有期徒刑或者拘役。

司法工作人员滥用职权，犯前款罪的，从重处罚。

Part 5 拓展·“风能进，雨能进，国王不能进。”

“风能进，雨能进，国王不能进。”这是一句古老的法谚，出自18世纪英国首相老威廉·皮特1763年在国会的一次演讲——《论英国人个人居家安全的权利》。

当时他是这样说的：“即使是最穷的人，在他的小屋里也能够对抗国王的权威。屋子可能很破旧，屋顶可能摇摇欲坠；风可以吹进这所房子，雨可以淋进这所房子，但是国王不能踏进这所房子，他的千军万马也不敢跨过这间破房子的门槛。”这句话的意思是私有财产神圣不可侵犯，后世将其浓缩为“风能进，雨能进，国王不能进”，说的就是限制公权力与保护私权利的关系问题。一个人的房屋属于一个人自由的堡垒，不能随意被公权力的枝蔓所触碰。

小结陈词

家是我们避风的港湾，是最温暖的地方。建造各种舒适有爱的房屋，就像小鸟搭建鸟巢，是为了给每一个人带来更多温暖，不用担心房屋被风吹雨淋、被坏人肆意闯入。提醒大家一定要注意居家安全！安全使用煤气水电，遇到突发事件不要慌，要采取科学有效的方式学会自救！平日也要进行家庭演习，提高应对各种突发事件的能力。

第七章　公民基本权利与义务（7）

· 通信自由与通信秘密 ·

非礼勿视，非礼勿听，非礼勿言，非礼勿动。

——《论语·颜渊第十二》

如今是信息化高速发展的时代，
窃听他人电话、偷看他人信件，
窃取他人身份信息及通信信息，
均涉嫌侵犯隐私权。
我是权信信，
是“人身权利”四姐妹中的
小妹——“通信自由与通信秘密”。

脑洞时刻

1. 在古代人们通过哪些方式传递信息？

回答1：古代通讯不发达，往往通过飞鸽、邮驿等方式传递信件。

回答2：烽火传军情，烽火台是古代边防军事通讯的重要手段。比较出名的典故有烽火戏诸侯。

我的回答：________________________________

2. 古代通信与现代通信有哪些区别呢？

回答1：效率不同。随着电话、互联网的出现，现代通信相较于古代更方便、高效、安全。

回答2：信息量不同。现代通讯可以发送视频、照片，甚至转账。古代通信的信息量单一而简单，无法传输大量的复杂的信息，无法传输声音、影像等信息。

我的回答：________________________________

3. 我们可以随意翻看他人的微信聊天吗？

我的回答：________________________________

Part 1 权信信介绍通信自由与通信秘密

权信信

代　表　通信自由及秘密受法律保护（宪法第四十条）

爱　好　喜欢收藏老信件上的邮票，承载着思念之情的信件漂洋过海、跨越时空，每一张漂亮精致的邮票背后都蕴藏着知识、故事。

理　想　希望未来收藏更多邮票，开个人收藏展，邀请朋友们了解邮票背后的故事。

讲　解

通信自由与通信秘密不受侵犯。

通信自由，是指公民有完全依照自己意愿通过信件或其他方式与他人交流思想、互通信息而不受任何第三方非法限制的自由。

通信秘密是指公民的通信（包括电报、电传、电话和邮件等信息传递形式），他人不得私自拆阅、偷看或销毁，或者强行要求写信人、收信人双方公开信件内容。

宪法条文

《中华人民共和国宪法》

第四十条 中华人民共和国公民的通信自由和通信秘密受法律的保护。除因国家安全或者追查刑事犯罪的需要，由公安机关或者检察机关依照法律规定的程序对通信进行检查外，任何组织或者个人不得以任何理由侵犯公民的通信自由和通信秘密。

Part 2 科普时间

1. 哪些属于侵犯通信自由与通信秘密的行为?

公民的通信内容属于写信人、收信人双方的私人秘密,受到国家法律保护,其他任何人未经写信人或收信人许可,不得有下列行为:

(1)私自拆阅、偷看或销毁;

(2)强行要求写信人、收信人双方公开信件内容;

(3)私自把信件内容公布于众……

此外,也不得有偷听别人电话等行为,否则要承担相应的法律责任。

通信的内容、对象、时间、方式等均在法律的保护范围内。

2. 保护通信秘密有哪些例外情况?

因国家安全或者追查刑事犯罪的需要,可由公安机关或者检察机关依照法律规定的程序对通信进行检查。

Part 3 模拟法庭

提问

将公民个人信息出售给他人的行为，违法吗?

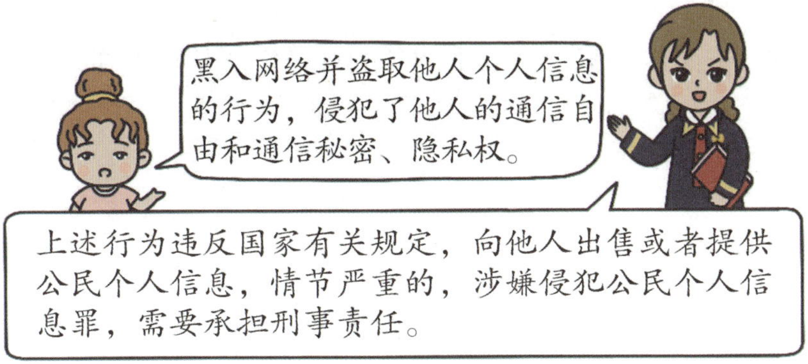

Part 4 拓展·法条链接

《中华人民共和国治安管理处罚法》

第四十八条 冒领、隐匿、毁弃、私自开拆或者非法检查他人邮件的，处五日以下拘留或者五百元以下罚款。

《中华人民共和国刑法》

第二百五十二条 隐匿、毁弃或者非法开拆他人信件，侵犯公民通信自由权利，情节严重的，处一年以下有期徒刑或者拘役。

第二百五十三条 邮政工作人员私自开拆或者隐匿、毁弃邮件、电报的，处二年以下有期徒刑或者拘役。

犯前款罪而窃取财物的，依照本法第二百六十四条的规定定罪从重处罚。

Part 5 拓展·电影《鸡毛信》

电影《鸡毛信》是1954年由上海电影制片厂摄制的一部抗战故事片。它是中华人民共和国成立后第一部反映中国少年儿童在抗日战争时期的对敌斗争的儿童影片，也是中国第一部获国际大奖的儿童影片。

剧情简介：儿童团的团长，名叫海娃，他接受了民兵中队长（他父亲）让他送鸡毛信的紧急任务以后，拿着放羊鞭子赶着一群羊，就毫不犹豫地踏上了征程。

他刚一进山谷，迎面就来了一群日本鬼子兵。无法躲避，为了躲过敌人的搜查，确保鸡毛信安全送到八路军负责人手中，海娃把鸡毛信绑在了一只羊的尾巴下面。就这样渡过了一关。

鬼子兵想抢海娃的羊群，以便他们杀羊美餐一顿，硬是让海娃赶着羊随他们走。海娃装作顺从的样子，随他们走了。此后，海娃又经过几番曲折和跋涉，克服了重重困难，最后，终于把信送到了八路军张连长手中。这样，按照鸡毛信中作战的时间、路线，八路军与民兵一举炸毁了鬼子的炮楼，夺回了被敌人抢走的粮食、物资，还活捉了鬼子的头头“猫眼司令”，为百姓除了害。

鸡毛信：旧指需要迅速传送的公文、信件，上面插上鸡毛。抗日战争时期，仙翁寨周围地区的共产党、国民党都普遍使用鸡毛信，所使用的鸡毛信，有信封，一律是两根鸡毛，在信封的两角。

小结陈词

老信件上漂亮精致的邮票，获得集邮爱好者的欣赏与收藏。在每一张邮票背后，蕴藏着丰富的故事、知识、文化，也承载着思念之情。载着一枚枚邮票的信件，漂洋过海，跨越时空，传递了爱与牵挂。每一个人都不希望自己的信件等通信信息被偷看，“己所不欲，勿施于人”，希望大家在享受通信自由权利的同时，也共同履行好维护通信秘密的义务。

第八章　公民基本权利与义务（8）

·监督权·

我们已经找到新路，我们能跳出这周期率。这条新路，就是民主。只有让人民来监督政府，政府才不敢松懈。只有人人起来负责，才不会人亡政息。

——毛泽东*

我国有信访举报制度、人大代表联系群众制度、
舆论监督制度以及监督听证会、
民主评议会、网上评议政府等
多种多样的监督方式，
有效保障公民行使监督权。
公民行使监督权、实行民主监督，
有利于消除腐败现象，
克服官僚主义、不正之风，
督促国家机关及国家工作人员
更好地为人民服务。
我是严小督，
让我们一起来了解“监督权”。

* 中共中央文献研究室：《毛泽东传》，中央文献出版社2012年版。

脑洞时刻

1. 如果有做得不够好的地方，你会虚心接受他人的批评与建议吗？你觉得哪些建议对你是有益的？

回答1：我在做数学题时，经常马虎，在一个问题上多次出错，老师会提醒我解题要认真，并为我讲解答案。

回答2：我的房间有时比较邋遢，妈妈会以身作则收拾房间，我也会改正自己的习惯，跟着一起做家务。

我的回答：______________________________

2. 公民对国家工作人员行使监督权包括哪些内容？

回答：针对国家机关的办事效率、政务公开等方面，公民有批评权、建议权。比如，以开设建议箱、市长热线等方式接受公民的监督。

我的回答：______________________________

3. 行使监督权都有哪些途径？

我的回答：______________________________

Part 1 严小督介绍监督权

严小督

代　表　监督权（宪法第四十一条）

爱　好　喜欢研究各种球类运动及比赛规则，被大家称为“裁判长”，班级组织各类比赛，都要被邀请做裁判，大家最信任她。

理　想　希望未来成为一名专业的体育裁判，让朋友们尽情享受体育带来的快乐。

讲　解

监督权是宪法赋予公民的基本权利。

公民可以通过舆论监督、法律监督、行政监督等途径来行使监督权。在行使监督权时，不得捏造或歪曲事实进行诬告陷害。

宪法条文

《中华人民共和国宪法》

第四十一条　中华人民共和国公民对于任何国家机关和国家工作人员，有提出批评和建议的权利；对于任何国家机关和国家工作人员的违法失职行为，有向有关国家机关提出申诉、控告或者检举的权利，但是不得捏造或者歪曲事实进行诬告陷害。

对于公民的申诉、控告或者检举，有关国家机关必须查清事实，负责处理。任何人不得压制和打击报复。

由于国家机关和国家工作人员侵犯公民权利而受到损失的人，有依照法律规定取得赔偿的权利。

Part 2 科普时间

1. 公民监督权包括哪些方面?

公民对任何国家机关和国家工作人员有批评权、建议权。

对任何国家机关和国家工作人员的违法失职行为,公民有申诉权、控告权、检举权。

例如,“12345”政务服务便民热线受理对行政管理、社会管理、公共服务方面的投诉以及意见和建议。

2. 国家工作人员与司法工作人员之间有哪些区别与联系?

国家工作人员,除了指国家机关中从事公务的人员,还包括在国有企业、事业单位、人民团体中从事公务的人员,国家机关、国有企业、事业单位委派到非国有企业、事业单位、社会团体从事公务的人员,以及其他依照法律从事公务的人员。

司法工作人员属于国家工作人员，是指有侦查、检察、审判、监管等职责的工作人员。

3. 除了公民的监督权，国家还有监察机关。作为监察官，需要履行哪些职责？

（1）对公职人员开展廉政教育；

（2）对公职人员依法履职、秉公用权、廉洁从政从业以及道德操守情况进行监督检查；

（3）对法律规定由监察机关管辖的职务违法和职务犯罪进行调查；

（4）根据监督、调查的结果，对办理的监察事项提出处置意见；

（5）开展反腐败国际合作方面的工作；

（6）法律规定的其他职责。

监察官在职权范围内对所办理的监察事项负责。

Part 3 模拟法庭

小河清澈见底，很多小鱼在欢快地游来游去。
小河被污染，我们除了帮忙清理垃圾，还能做什么呢？
拨打12345市民热线电话，反映小河污染问题。
提问
拨打12345市民热线是我们行使监督权的一种途径，那么，公民可以随意行使监督权吗？
监督权不可以随意行使，须在法律规定范围内行使。
对于任何国家机关和国家工作人员的违法失职行为，公民有向有关国家机关提出申诉、控告或者检举的权利，但是不得捏造或者歪曲事实进行诬告陷害。
若一经查实存在诬告陷害他人的情形，需要承担法律责任，情节严重的，可能构成诬告陷害罪。

Part 4 拓展 · 法条链接

《中华人民共和国刑法》

第三百八十二条 国家工作人员利用职务上的便利，侵吞、窃取、骗取或者以其他手段非法占有公共财物的，是贪污罪。

受国家机关、国有公司、企业、事业单位、人民团体委托管理、经营国有财产的人员，利用职务上的便利，侵吞、窃取、骗取或者以其他手段非法占有国有财物的，以贪污论。

与前两款所列人员勾结，伙同贪污的，以共犯论处。

第三百八十五条 国家工作人员利用职务上的便利，索取他人财物的，或者非法收受他人财物，为他人谋取利益的，是受贿罪。

国家工作人员在经济往来中，违反国家规定，收受各种名义的回扣、手续费，归个人所有的，以受贿论处。

《中华人民共和国监察法》

第七条 中华人民共和国国家监察委员会是最高监察机关。

省、自治区、直辖市、自治州、县、自治县、市、市辖区设立监察委员会。

第八条 国家监察委员会由全国人民代表大会产生，负责全国监察工作。

国家监察委员会由主任、副主任若干人、委员若干人组成，主任由全国人民代表大会选举，副主任、委员由国家监察委员会主任提请全国人民代表大会常务委员会任免。

国家监察委员会主任每届任期同全国人民代表大会每届任期相同，连续任职不得超过两届。

国家监察委员会对全国人民代表大会及其常务委员会负责，并接受其监督。

Part 5 拓展·电影《秋菊打官司》

《秋菊打官司》是张艺谋执导的一部农村题材剧情片。故事发生在中国西北的一个小山村。秋菊的丈夫王庆来为了自家的承包地与村主任王善堂发生了争执，后被村主任一怒之下踢伤，王庆来整日躺在床上干不了活。秋菊是个善良有主见的女人，此时已有6个月的身孕。丈夫被踢伤，她便去找村主任说理。村主任不肯认错，秋菊认为，这样的事一定得找个说理的地方。于是，便挺着大肚子去乡政府告状。经过乡政府李公安的调解，村主任答应赔偿秋菊家的经济损失，但当秋菊来拿钱时，村主任把钱扔在地上，受辱的秋菊没有捡钱，而是又一次踏上了漫漫的告状路途。她先后到了县公安局和市里，最后向人民法院起诉。

除夕之夜，秋菊难产，村主任和村民连夜冒着风雪送秋菊上医院，使她顺利产下一名男婴。秋菊一家对村主任非常感激，也不再提官司的事了。但正当秋菊家庆贺孩子满月时，市法院发来判决，村主任因伤害罪被拘留。望着远处警车扬起的烟尘，秋菊感到深深的茫然和失落。

小结陈词

小到社区宠物狗随地大小便、停车位紧张，大到像电视剧《扫黑风暴》里的各种黑恶势力，通过依法行使监督权，小区环境得到改善，对黑恶势力的斗争也会继续进行。老百姓爱看《焦点访谈》《新闻调查》等节目，关心身边的民生问题、国家大事，为社会主义现代化建设出谋划策；反腐倡廉行动一直在进行，不断提高自身执政为民的能力。公民行使监督权、实行民主监督，督促国家机关及其工作人员更好地遵纪守法、努力工作，积极投身到为人民服务的事业中去。

第九章　公民基本权利与义务（9、10）

· 劳动权利与劳动义务 ·

我们中国人从教育的最早阶段起就教育我们的孩子们爱劳动和劳动人民，并且培养他们的劳动习惯。

——宋庆龄《培养坚强的革命后代》

宪法中有两对“龙凤胎”，
他们既是基本权利也是基本义务，
其中之一就是劳动，
我国公民有劳动的权利与义务。
劳动者的合法权益受到法律保护，
劳动也是一切有劳动能力公民的光荣职责。
让我们一起了解热爱劳动的姐弟：
姐姐劳小权——劳动权利，
弟弟劳小义——劳动义务。

脑洞时刻

1. 小朋友们，你们的爸爸妈妈是做什么工作的呢?

回答1: 我的妈妈是出租车司机，爸爸是厨师。

回答2: 我的妈妈是体育老师，爸爸是网页设计师。

我的回答: ______________________________

2. 你知道世界上一共有多少种职业吗？你觉得最神奇的职业是什么?

回答1: 我猜有1000种职业。我觉得酒店试睡员很有趣，工作内容是体验酒店的服务、环境、卫生、价格、餐饮等，比如，床垫软硬、空调冷暖、网速快慢、下水道是否畅通、淋浴水流是否过大等，调查后根据客观的体验结果写成报告，供酒店方加强管理经营或供客人、网友预订参考。

回答2: 我猜有2000种职业吧。我觉得收纳整理师的工作很特别，他们为客户收纳整理杂乱无章的房屋，教大家如何收纳行李箱、衣柜等。

我的回答: ______________________________

3. 你将来想从事什么工作呢?

我的回答: ______________________________

Part 1 劳小权介绍劳动权利

劳小权

代　表　劳动权利（宪法第四十二条）

爱　好　喜欢裁剪衣服，已经帮弟弟设计并制作两套衣服，据说弟弟还挺喜欢的。

理　想　未来希望成为一名服装设计师，最好是汉服设计，因为汉服真的很美。

讲　解

劳动权利，是指具有劳动能力的公民要求提供参加社会劳动的机会和切实保证劳动取得报酬的权利。根据《劳动法》第三条的规定，劳动者的权利包括：平等就业和选择职业的权利、取得劳动报酬的权利、休息休假的权利、获得劳动安全卫生保护的权利、接受职业技能培训的权利、享受社会保险和福利的权利、提请劳动争议处理的权利以及法律规定的其他劳动权利。

劳小义介绍劳动义务

劳小义

代　表　劳动义务（宪法第四十二条）

爱　好　喜欢看科幻电影，最爱大刘老师（刘慈欣）的作品，拉着妈妈看了两遍《流浪地球》。

理　想　希望未来从事人工智能领域，制造出厉害的智能机器人。

讲　解

根据《劳动法》第三条的规定，劳动者的义务包括：(1)完成劳动任务；(2)提高职业技能；(3)执行劳动安全卫生规程；(4)遵守劳动纪律和职业道德。

宪法条文

《中华人民共和国宪法》

第四十二条　中华人民共和国公民有劳动的权利和义务。

国家通过各种途径，创造劳动就业条件，加强劳动保护，改善劳动条件，并在发展生产的基础上，提高劳动报酬和福利待遇。

劳动是一切有劳动能力的公民的光荣职责。国有企业和城乡集体经济组织的劳动者都应当以国家主人翁的态度对待自己的劳动。国家提倡社会主义劳动竞赛，奖励劳动模范和先进工作者。国家提倡公民从事义务劳动。

国家对就业前的公民进行必要的劳动就业训练。

Part 2 科普时间

1. 法定就业年龄是多少岁?

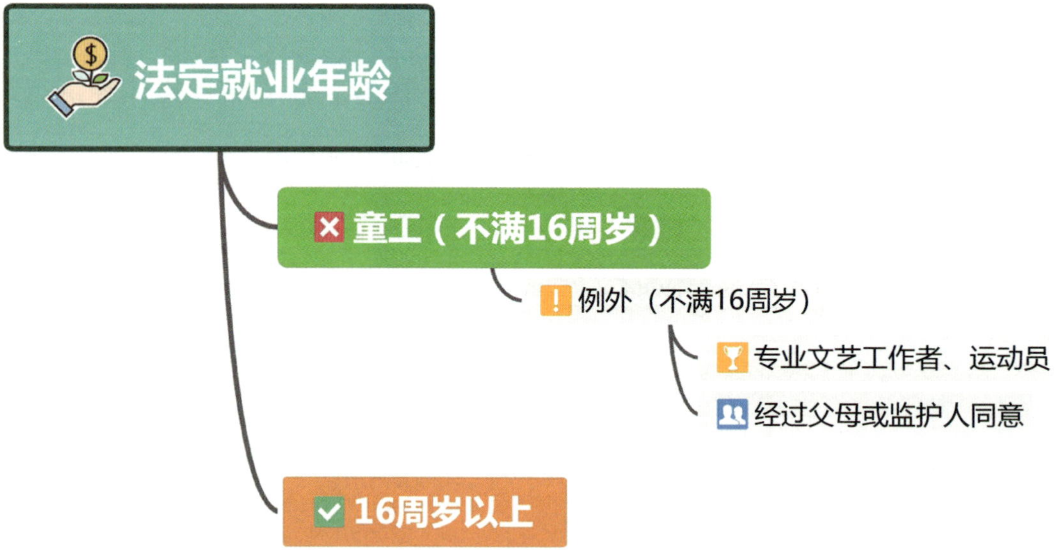

我国的法定就业年龄为年满16周岁，《劳动法》第十五条规定，禁止用人单位招用未满十六周岁的未成年人。文艺、体育和特种工艺单位招用未满十六周岁的未成年人，必须遵守国家有关规定，并保障其接受义务教育的权利。

《禁止使用童工规定》第十三条规定，文艺、体育单位经未成年人的父母或者其他监护人同意，可以招用不满十六周岁的专业文艺工作者、运动员。用人单位应当保障被招用的不满十六周岁的未成年人的身心健康，保障其接受义务教育的权利。

2. 劳动能力的分类

根据劳动力分工划分，分为体力劳动与脑力劳动；

根据劳动行为能力划分，分为一般行为能力、特殊行为能力。

以上种类有哪些区别？举例说一下每个种类的职业吧。

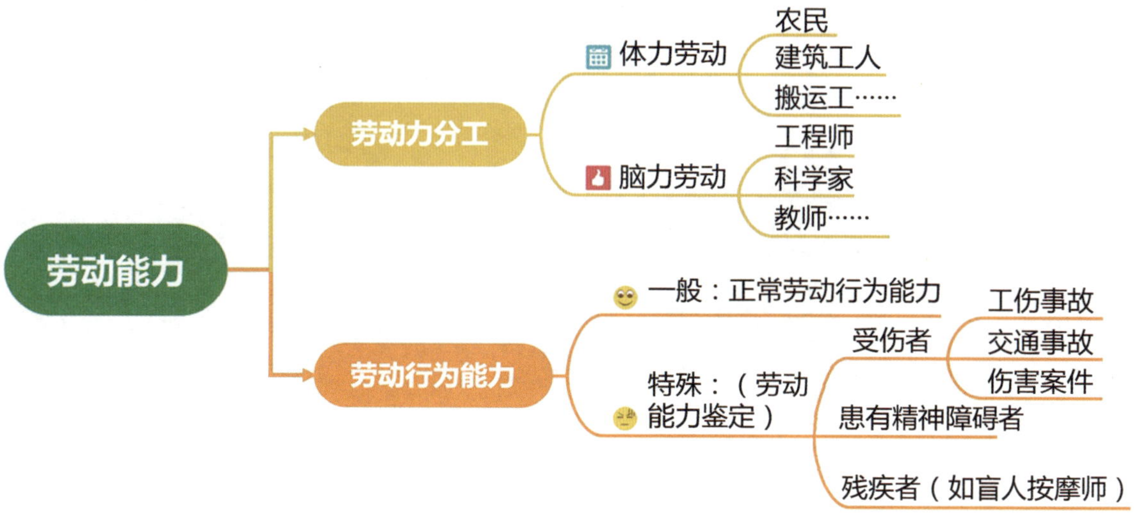

3. 劳动关系的主体

劳动关系的主体是劳动者与用人单位。劳动者与用人单位签订劳动合同，建立劳动关系。

这个月的工资还发不了，等下个月再说吧！
你怎么愁眉苦脸的？
公司已经拖欠我们3个月的工资，至今还没发呢。
我们可以用法律武器讨要工资呀！
提问
如何让公司早日发放工资？
可以与公司协商，或向劳动纠纷调解委员会申请调解。
直接向劳动争议仲裁委员会申请仲裁；对仲裁不服的，可向法院提起诉讼。
发生劳动争议，当事人协商不成的，可向调解组织申请调解；也可向劳动争议仲裁委员会申请仲裁；对仲裁裁决不服的，除另有规定外，可向人民法院提起诉讼。

Part 4 拓展·法条链接

《中华人民共和国劳动法》

第十五条 禁止用人单位招用未满十六周岁的未成年人。

文艺、体育和特种工艺单位招用未满十六周岁的未成年人，必须遵守国家有关规定，并保障其接受义务教育的权利。

第九十四条 用人单位非法招用未满十六周岁的未成年人的，由劳动行政部门责令改正，处以罚款；情节严重的，由市场监督管理部门吊销营业执照。

第九十五条 用人单位违反本法对女职工和未成年工的保护规定，侵害其合法权益的，由劳动行政部门责令改正，处以罚款；对女职工或者未成年工造成损害的，应当承担赔偿责任。

《中华人民共和国劳动合同法》

第十条 建立劳动关系，应当订立书面劳动合同。

已建立劳动关系，未同时订立书面劳动合同的，应当自用工之日起一个月内订立书面劳动合同。

用人单位与劳动者在用工前订立劳动合同的，劳动关系自用工之日起建立。

第八十二条 用人单位自用工之日起超过一个月不满一年未与劳动者订立书面劳动合同的，应当向劳动者每月支付二倍的工资。

用人单位违反本法规定不与劳动者订立无固定期限劳动合同的，自应当订立无固定期限劳动合同之日起向劳动者每月支付二倍的工资。

Part 5 拓展·劳动模范

1. 全国劳动模范几年评一次？

全国劳动模范是党中央、国务院授予在社会主义建设事业中做出重大贡献者的荣誉称号，目的是弘扬劳模精神，弘扬劳动精神，弘扬中国工人阶级和广大劳动群众的伟大品格。

从20世纪90年代开始，全国劳动模范和全国先进工作者表彰大会每5年召开一次。

最近的一次全国劳动模范和全国先进工作者表彰大会于2020年11月24日在北京人民大会堂隆重举行。

2. 劳动模范、先进工作者一般具备哪些条件？

爱岗敬业、争创一流，艰苦奋斗、勇于创新，淡泊名利、甘于奉献。

（1）工作勤奋努力，艰苦奋斗、任劳任怨、尽职尽责；

（2）刻苦学习，钻研技术业务，不断提高技术业务水平；

（3）思想道德素质高。

小结陈词

习近平说过，“幸福都是奋斗出来的”，奋斗，是一种劳动精神，是勤奋努力、认真向上的样子。勤劳勇敢，是中华民族的优良品德。经济的飞速发展，是劳动者们努力奋斗的结果。青少年朋友们，希望你们好好学习，多多发掘潜力、培养兴趣爱好，找到自己热爱的事物，并为之努力奋斗。脚踏实地，仰望星空，未来做自己喜欢的工作。加油呀！

第十章　公民基本权利与义务（11）

·劳动者的休息权·

休息与工作的关系，正如眼睑与眼睛的关系。

——[印度]泰戈尔《飞鸟集》

劳动是基本权利与基本义务，
劳动者也有休息的权利。
公司在法定范围外安排劳动者工作，
需要支付劳动者加班工资。
你会利用休息时间干什么呢？
发展兴趣爱好，
花费时间陪伴家人，
劳逸结合，锻炼身体……
我是赵一休，
带大家了解“劳动者的休息权”。

脑洞时刻

1. 劳动节为何不劳动，反而放假?

回答1: 5月1日是国际劳动节，是为庆祝劳动者获得合法权益，也是我国法定节假日。

回答2: 劳动节是我国的法定节假日，是全体公民放假的节日。

我的回答: ______________________________

2. 法律规定，劳动者一天工作多长时间?

回答1: 标准工时制一般是每天8小时。

回答2: 比如，9:00上班，18:00下班，中午休息1小时，每天正常工作8小时。

我的回答: ______________________________

3. 哪些假期是法定节假日呢?

我的回答: ______________________________

Part 1 赵一休介绍劳动者休息权

赵一休

代　表　劳动者休息权（宪法第四十三条）

爱　好　喜欢唱歌，下课走廊里总能听见她哼唱，同学常说“百灵鸟来啦”，班级推选出的班歌就是出自她之手。

理　想　希望未来成为一名音乐创作人员，把更多美好的音乐带给大家，使大家放松身心，消除疲劳。

讲　解

休息权是公民基本权利之一，是为保护身体健康和提高劳动效率而休息和休养的权利。

（1）可以解除劳动者的疲劳，恢复和发展体力和精神；

(2)可以让劳动者有条件进行业余进修,不断提高业务水平和文化水平;

(3)保证劳动者有一定的时间料理家庭和个人的事务,丰富自己的生活。

宪法条文

《中华人民共和国宪法》

第四十三条 中华人民共和国劳动者有休息的权利。

国家发展劳动者休息和休养的设施,规定职工的工作时间和休假制度。

Part 2 科普时间

1. 我国法律如何规定劳动者的工作时间?

国家实行劳动者每日工作时间不超过8小时、平均每周工作时间不超过40小时的标准工时制度。

用人单位应当保证劳动者每周至少休息1天。

以上为标准工时制，综合工时制、不定时工时制等特殊工时制有特别的规定。

2. 劳动者的休息休假时间包含哪些呢? 法定节假日共计多少天?

劳动者的休息休假时间包括休息日、法定节假日、年休假、探亲假、婚丧假等。

我国现在每年法定节假日共计11天，是全体公民放假的节日。

全体公民放假的节日具体有：

（1）元旦，放假1天（1月1日）；

（2）春节，放假3天（农历正月初一、初二、初三）；

（3）清明节，放假1天（农历清明当日）；

（4）劳动节，放假1天（5月1日）；

（5）端午节，放假1天（农历端午当日）；

（6）中秋节，放假1天（农历中秋当日）；

（7）国庆节，放假3天（10月1日、2日、3日）。

3. 部分公民放假的节日或纪念日有哪些?

（1）妇女节（3月8日），妇女放假半天；

（2）青年节（5月4日），14周岁以上的青年放假半天；

（3）儿童节（6月1日），不满14周岁的少年儿童放假1天；

（4）中国人民解放军建军纪念日（8月1日），现役军人放假半天。

Part 3

模拟法庭

今年业务太繁忙了，都没休年休假。
你工作多长时间了？
都已经工作21年了，孩子都快上大学了，时间过得真快呀！
你5个工作日折算工资3000元，这样算下来，你可有一笔金额不低的未休年休假工资呢！
唉~还是希望多休年假陪陪家人。
提问
公司需要支付未休年休假工资吗？图中工作21年的劳动者今年应享有几天年休假？公司要额外支付多少钱呢？
需要支付其未休年休假工资。劳动者已经工作满20年，她今年应休年休假为15天。公司需另支付15天未休年休假工资：(3000÷5)×(300%−100%)×15=18000元。（法律规定为300%的标准，但因劳动者的原本工资中已经包含100%，所以只需额外支付200%的工资）
《职工带薪年休假条例》第三条第一款规定，职工累计工作已满1年不满10年的，年休假5天；已满10年不满20年的，年休假10天；已满20年的，年休假15天。第五条第三款规定，职工应休未休的年休假，单位应按照该职工日工资收入的300%支付年休假工资报酬。

Part 4 拓展·法条链接

《中华人民共和国劳动法》

第三十六条 国家实行劳动者每日工作时间不超过八小时、平均每周工作时间不超过四十四小时的工时制度。

第四十一条 用人单位由于生产经营需要，经与工会和劳动者协商后可以延长工作时间，一般每日不得超过一小时；因特殊原因需要延长工作时间的，在保障劳动者身体健康的条件下延长工作时间每日不得超过三小时，但是每月不得超过三十六小时。

第四十二条 有下列情形之一的，延长工作时间不受本法第四十一条规定的限制：

（一）发生自然灾害、事故或者因其他原因，威胁劳动者生命健康和财产安全，需要紧急处理的；

（二）生产设备、交通运输线路、公共设施发生故障，影响生产和公众利益，必须及时抢修的；

（三）法律、行政法规规定的其他情形。

第四十四条　有下列情形之一的，用人单位应当按照下列标准支付高于劳动者正常工作时间工资的工资报酬：

（一）安排劳动者延长工作时间的，支付不低于工资的百分之一百五十的工资报酬；

（二）休息日安排劳动者工作又不能安排补休的，支付不低于工资的百分之二百的工资报酬；

（三）法定休假日安排劳动者工作的，支付不低于工资的百分之三百的工资报酬。

《职工带薪年休假条例》

第二条　机关、团体、企业、事业单位、民办非企业单位、有雇工的个体工商户等单位的职工连续工作1年以上的，享受带薪年休假（以下简称年休假）。单位应当保证职工享受年休假。职工在年休假期间享受与正常工作期间相同的工资收入。

第三条　职工累计工作已满1年不满10年的，年休假5天；已满10年不满20年的，年休假10天；已满20年的，年休假15天。

国家法定休假日、休息日不计入年休假的假期。

Part 5 拓展·古今休假趣闻

1. 汉朝："吏五日得一休沐"

《汉律》："吏五日得一休沐。"

在汉朝，公务人员上了4天班，第5天则放假洗澡更衣、修发刮脸、游山玩水……所以休沐就是休假。

2. "双休日工作制"的渊源

1994年以前，我国法定的劳动者每天工作时间8小时，每个星期要工作6天，只有1天休息。上班族只能把所有的家务活都放在周日干，那时流行这样一个说法："战斗的星期天，疲劳的星期一。"

1995年3月25日，我国发布《国务院关于修改〈国务院关于职工工作时间的规定〉的决定》，决定自1995年5月1日起实行双休日，即"国家机关、事业单位实行统一的工作时间，星期六和星期日为周休息日"。规定从当年的5月1日之后改为每周工作时间40小时，即家喻户晓的双休日工作制。

小结陈词

劳动者的休息权，是宪法赋予劳动者的基本权利。有劳动就要有休息，劳动者的休息权主要体现在8小时之外。如果劳动者加班，要有加班费或者给予劳动者补休时间。近几年流行词“内卷”，甚至偶尔也会有“过劳死”的极端案例，反映了当今社会竞争激烈、职场压力大。用人单位要严格遵守法律规定，不得侵犯劳动者的休息权。我们都是为自己幸福努力的奋斗者，在脚踏实地、埋头苦干的同时，一定要注意身体健康、劳逸结合！利用休息时间，锻炼身体、提升工作能力、寻找工作之外的有趣而有意义的人生！

第十一章　公民基本权利与义务（12）

· 退休及社会保障权利 ·

社会保障体系是人民生活的安全网和社会运行的稳定器。健全覆盖全民、统筹城乡、公平统一、安全规范、可持续的多层次社会保障体系。

——习近平2022年10月16日在中国共产党第二十次全国代表大会上的报告

后人将孔子在《礼记·礼运篇》所言精简，
“老有所养，幼有所教，
贫有所依，难有所助，
鳏寡孤独废疾者皆有所养”。
这是古人对理想社会互助的构想，
现在的中国逐渐建立完善的
年老、患病、工伤、失业、生育等
社会保障制度。
我是牛小保，
带你一起了解“退休与社会保障权”。

脑洞时刻

1. 有哪些方便老弱病残孕人群的设计?

回答1: 行人路上有为盲人铺设的盲道砖;电梯中有显示楼层的盲文按键。

回答2: 地铁、公交车上有老弱病残孕专座。

我的回答: ____________________

2. 用人单位必须要为劳动者缴纳社会保险吗?

回答1: 如果双方建立劳动关系,用人单位必须给劳动者缴纳社会保险。

回答2: 缴纳社会保险其实也是为用人单位规避用工风险,比如,员工被认定为工伤,可以申请工伤保险赔偿。

我的回答: ____________________

3. 你去医院看病的医药费可以报销吗?

我的回答: ____________________

Part 1 牛小保介绍退休及社会保障权

牛小保

代　表　退休及社会保障权（宪法第四十四条、第四十五条）

爱　好　喜欢小动物并乐于帮助别人，经常给校园的流浪猫喂食物、去敬老院陪老爷爷下棋，觉得帮助别人是一件超开心的事情。

理　想　希望能成为一名终身志愿者，帮助那些需要帮助的人和小动物。

讲　解

国家通过社会保险或收入分配制度对贫困者、失业者、待业丧失劳动能力以及其他生活来源困难的人提供经济保障以维持其社会最低生活水平。

城市居民收入低于当地城市最低生活保障标准的，有权请求获得基本生活物质帮助的权利。

已参加工作的公民在符合法定条件后，退出现有工作岗位的退休人员，享受国家提供的物质保障权利。

宪法条文

《中华人民共和国宪法》

第四十四条 国家依照法律规定实行企业事业组织的职工和国家机关工作人员的退休制度。退休人员的生活受到国家和社会的保障。

第四十五条 中华人民共和国公民在年老、疾病或者丧失劳动能力的情况下，有从国家和社会获得物质帮助的权利。国家发展为公民享受这些权利所需要的社会保险、社会救济和医疗卫生事业。

国家和社会保障残废军人的生活，抚恤烈士家属，优待军人家属。

国家和社会帮助安排盲、聋、哑和其他有残疾的公民的劳动、生活和教育。

Part 2 科普时间

1. 我国法定退休年龄是多少?

① **正常退休年龄:**男年满60周岁,女工人年满50周岁,女干部年满55周岁。此外,长期在管理和技术岗位上的女工人的退休年龄也为年满55周岁。

② **特殊工种提前退休:**从事井下、高空、高温、特别繁重体力劳动或者其他有害身体健康的工作,男年满55周岁,女年满45周岁,从事特殊工种时间达到规定年限的,可以办理提前退休。

③ **因病提前退休:**男年满50周岁,女年满45周岁,因病或者非因工致残,经县以上劳动鉴定委员会确认,符合完全丧失劳动能力条件的可办理病退。

2. 用人单位必须为在职员工缴纳社会保险吗? 社会保险一般包含哪些方面?

社会保险主要通过筹集社会保险基金,并在一定范围内对社会保险基金实行统筹调剂,以在劳动者遭遇劳动风险时给予必要的帮助。

用人单位为劳动者缴纳社会保险费,是法律规定的强制性义务。

社会保险一般包含基本养老保险、基本医疗保险、工伤保险、失业保险、生育保险等项目，即通常所说的“五险”。2019年国务院办公厅公布《关于全面推进生育保险和职工基本医疗保险合并实施的意见》，生育保险基金并入职工基本医疗保险基金，统一征缴。

3. 用人单位从不给员工缴纳社会保险，怎么办?

个人有权对用人单位违反社会保险法律、法规的行为进行举报、投诉，要求社会保险行政部门或者社会保险费征收机构依法处理。

用人单位未按时足额缴纳社会保险费的，由社会保险费征收机构责令限期缴纳或者补足，并自欠缴之日起，按日加收万分之五的滞纳金；逾期仍不缴纳的，由有关行政部门处欠缴数额一倍以上三倍以下的罚款。

4. 公司需要安排残疾人就业吗? 有比例要求吗? 若达不到该比例，怎么办?

根据《残疾人就业条例》的有关规定：用人单位应当按照一定比例安排残疾人就业，并根据残疾人才能特色为其提供适当的工种、岗位。

用人单位安排残疾人就业的比例不得低于本单位在职职工总数的1.5%。具体比例由省、自治区、直辖市人民政府根据本地区的实际情况规定。

用人单位安排残疾人就业达不到其所在地省、自治区、直辖市人民政府规定比例的，应当缴纳残疾人就业保障金。

Part 3 模拟法庭

提问

公司没有给受工伤的职工缴纳工伤保险，受伤的职工可以要求公司支付他工伤保险待遇吗？

可以。职工因工作原因受到事故伤害或者患职业病，且经工伤认定的享受工伤保险待遇。

职工所在用人单位未依法缴纳工伤保险费，发生工伤事故的，由用人单位支付工伤保险待遇。

一般情况下，在工作时间、工作岗位因工作原因受伤的，属于工伤。工伤认定的一般流程：①确定是否存在劳动关系；②去社保部门认定工伤；③对劳动能力进行伤残等级鉴定；④确定理赔事项。

Part 4 拓展·法条链接

《中华人民共和国劳动法》

第七十三条　劳动者在下列情形下，依法享受社会保险待遇：

（一）退休；

（二）患病、负伤；

（三）因工伤残或者患职业病；

（四）失业；

（五）生育。

劳动者死亡后，其遗属依法享受遗属津贴。

劳动者享受社会保险待遇的条件和标准由法律、法规规定。

劳动者享受的社会保险金必须按时足额支付。

《中华人民共和国社会保险法》

第二十三条　职工应当参加职工基本医疗保险，由用人单位和职工按照国家规定共同缴纳基本医疗保险费。

无雇工的个体工商户、未在用人单位参加职工基本医疗保险的非全日制从业人员以及其他灵活就业人员可以参加职工基本医疗保险，由个人按照国家规定缴纳基本医疗保险费。

第二十四条 国家建立和完善新型农村合作医疗制度。

新型农村合作医疗的管理办法，由国务院规定。

第二十五条 国家建立和完善城镇居民基本医疗保险制度。

城镇居民基本医疗保险实行个人缴费和政府补贴相结合。

享受最低生活保障的人、丧失劳动能力的残疾人、低收入家庭六十周岁以上的老年人和未成年人等所需个人缴费部分，由政府给予补贴。

第二十六条 职工基本医疗保险、新型农村合作医疗和城镇居民基本医疗保险的待遇标准按照国家规定执行。

第三十七条 职工因下列情形之一导致本人在工作中伤亡的，不认定为工伤：

（一）故意犯罪；

（二）醉酒或者吸毒；

（三）自残或者自杀；

（四）法律、行政法规规定的其他情形。

Part 5 拓展·电影《我和我的家乡》之《北京好人》

电影《我和我的家乡》中的首个故事《北京好人》：由葛优扮演的张北京，得知表舅罹患癌症需要用钱，可自己手头也不富裕。张北京认为把购车款拿出来给表舅治病，感情还没到那个份儿上；而完全置之不理，良心受谴责。后来，张北京出主意让表舅冒名用自己的医保卡，从而引发一系列啼笑皆非的情节。最后发现，表舅妈给表舅办了"新农合"，也可以报销医疗费，于是张北京坐上了表舅的三轮车欢快地去村里报销的地方。

《北京好人》道出了"新农合"医疗改革带来的成效。之前，农民看病又贵又难，很多农民明知身体有问题，但不去检查，担心没有钱住院。"新农合"帮农民们减轻了看病的负担。根据相关数据，"新农合"的大病报销比例超过50%，而且报销的流程也日益简化，有的地方一两天就能把钱报销回来。咱们老百姓身体素质提升了，也就更有干劲建设咱们的美好家园啦！

小结陈词

从古人的“老有所养，幼有所教，贫有所依，难有所助，鳏寡孤独废疾者皆有所养”，到党的二十大提出的“健全覆盖全民、统筹城乡、公平统一、安全规范、可持续的多层次社会保障体系”，历史上的理想社会正有条不紊地成为现实。在我们的生活中有只“无形的手”，从胎儿尚未出生的生育保险、生病的医疗保险、受伤的工伤保险，再到失业保险、养老保险，它保障着我们生老病死的方方面面，为残疾、年老、患病、孕妇等弱势群体保驾护航，这只“手”就是国家的社会保障制度。作为命运共同体的我们，要助人为乐，尽自己所能帮助需要帮助的朋友哟。

第十二章　公民基本权利与义务（13、14）

· 受教育的权利与义务 ·

生产劳动和教育的早期结合是改造现代社会的最强有力的手段之一。

——[德]马克思《哥达纲领批判》

在公民基本权利与义务中
有两对“龙凤胎”，
他们既是权利又是义务。
除了劳动的基本权利与义务外，
我们还有受教育的权利与义务。
我们接受九年义务教育，
男孩、女孩都有平等接受教育的权利，
不因性别而改变。
今天为我们分享的是另一对“龙凤胎”，
代表“受教育的权利与义务”的
师小可、师小须。

脑洞时刻

1. 你最喜欢的老师是谁呢?

回答1: 语文老师。我喜欢上语文课,可以读到诗歌、散文、故事,认识更多的字。

回答2: 体育老师。体育老师带我们尝试很多运动项目。我最喜欢和小伙伴一起打篮球。

我的回答: ______________________________

2. 如果将来你是一名教师，你会选择做哪个学科的老师呢?

回答1: 美术老师。带领学生绘画,把自己想象的世界通过画笔画下来,让更多的人看见神奇美丽的世界。

回答2: 地理老师。带着大家从地图中了解中国、看世界。

我的回答: ______________________________

3. 你会怎么教育你的学生?

我的回答: ______________________________

Part 1 师小可介绍受教育的权利

师小可

代　表　受教育的权利（宪法第四十六条）

爱　好　喜欢户外运动、旅行、探险，用脚步丈量地球，了解不一样的风土人情与文化。

理　想　希望未来成为一名旅行作家，把更多的地方与文化介绍给大家。

讲　解

①义务教育，不收学费、杂费；②公民不分民族、种族、性别、职业、财产状况、宗教信仰等，依法享有平等的受教育机会。

师小须介绍受教育的义务

师小须

代　表　受教育的义务（宪法第四十六条）

爱　好　喜欢天文，去天文馆看巨幕星空，跟着爸爸去长城搭帐篷看星星。

理　想　希望未来成为一名宇航员，去太空探索。

讲　解

①年满6周岁的儿童；②父母或其他法定监护人应当送其入学；③接受并完成九年义务教育。

宪法条文

《中华人民共和国宪法》

第四十六条 中华人民共和国公民有受教育的权利和义务。

国家培养青年、少年、儿童在品德、智力、体质等方面全面发展。

Part 2 科普时间

1. 学校、老师、学生的权利与义务分别是什么？

根据《教育法》《教师法》的相关规定，学校、教师、学生的权利义务可以参考下图：

学校

- 权利
  - （一）按照章程自主管理；
  - （二）组织实施教育教学活动；
  - （三）招收学生或者其他受教育者；
  - （四）对受教育者进行学籍管理，实施奖励或者处分；
  - （五）对受教育者颁发相应的学业证书；
  - （六）聘任教师及其他职工，实施奖励或者处分；
  - （七）管理、使用本单位的设施和经费；
  - （八）拒绝任何组织和个人对教育教学活动的非法干涉；
  - （九）法律、法规规定的其他权利。
- 义务
  - （一）遵守法律、法规；
  - （二）贯彻国家的教育方针，执行国家教育教学标准，保证教育教学质量；
  - （三）维护受教育者、教师及其他职工的合法权益；
  - （四）以适当方式为受教育者及其监护人了解受教育者的学业成绩及其他有关情况提供便利；
  - （五）遵照国家有关规定收取费用并公开收费项目；
  - （六）依法接受监督。

教师

权利

（一）进行教育教学活动，开展教育教学改革和实验；
（二）从事科学研究、学术交流，参加专业的学术团体，在学术活动中充分发表意见；
（三）指导学生的学习和发展，评定学生的品行和学业成绩；
（四）按时获取工资报酬，享受国家规定的福利待遇以及寒暑假期的带薪休假；
（五）对学校教育教学、管理工作和教育行政部门的工作提出意见和建议，通过教职工代表大会或者其他形式，参与学校的民主管理；
（六）参加进修或者其他方式的培训。

义务

（一）遵守宪法、法律和职业道德，为人师表；
（二）贯彻国家的教育方针，遵守规章制度，执行学校的教学计划，履行教师聘约，完成教育教学工作任务；
（三）对学生进行宪法所确定的基本原则的教育和爱国主义、民族团结的教育，法制教育以及思想品德、文化、科学技术教育，组织、带领学生开展有益的社会活动；
（四）关心、爱护全体学生，尊重学生人格，促进学生在品德、智力、体质等方面全面发展；
（五）制止有害于学生的行为或者其他侵犯学生合法权益的行为，批评和抵制有害于学生健康成长的现象；
（六）不断提高思想政治觉悟和教育教学业务水平。

学生

权利

（一）参加教育教学计划安排的各种活动，使用教育教学设施、设备、图书资料；
（二）按照国家有关规定获得奖学金、贷学金、助学金；
（三）在学业成绩和品行上获得公正评价，完成规定的学业后获得相应的学业证书、学位证书；
（四）对学校给予的处分不服向有关部门提出申诉，对学校、教师侵犯其人身权、财产权等合法权益，提出申诉或者依法提起诉讼；
（五）法律、法规规定的其他权利。

义务

（一）遵守法律、法规；
（二）遵守学生行为规范，尊敬师长，养成良好的思想品德和行为习惯；
（三）努力学习，完成规定的学习任务；
（四）遵守所在学校或者其他教育机构的管理制度。

2. 学生出现哪种情形时，可实施教育惩戒?

根据《中小学教育惩戒规则(试行)》第七条的规定，学生有下列情形之一，学校及其教师应当予以制止并进行批评教育，确有必要的，可以实施教育惩戒:

(1)故意不完成教学任务要求或者不服从教育、管理的;

(2)扰乱课堂秩序、学校教育教学秩序的;

(3)吸烟、饮酒，或者言行失范违反学生守则的;

(4)实施有害自己或者他人身心健康的危险行为的;

(5)打骂同学、老师，欺凌同学或者侵害他人合法权益的;

(6)其他违反校规校纪的行为。

学生实施属于《预防未成年人犯罪法》规定的不良行为或者严重不良行为的，学校、教师应当予以制止并实施教育惩戒，加强管教;构成违法犯罪的，依法移送公安机关处理。

3. 明确禁止的教师行为有哪些?

根据《中小学教育惩戒规则(试行)》第十二条的规定，教师在教育教学管理、实施教育惩戒过程中，不得有下列行为:

（1）以击打、刺扎等方式直接造成身体痛苦的体罚；

（2）超过正常限度的罚站、反复抄写，强制做不适的动作或者姿势，以及刻意孤立等间接伤害身体、心理的变相体罚；

（3）辱骂或者以歧视性、侮辱性的言行侵犯学生人格尊严；

（4）因个人或者少数人违规违纪行为而惩罚全体学生；

（5）因学业成绩而教育惩戒学生；

（6）因个人情绪、好恶实施或者选择性实施教育惩戒；

（7）指派学生对其他学生实施教育惩戒；

（8）其他侵害学生权利的。

4. 承担实施义务教育任务的学校有哪些？

承担实施义务教育任务的学校有：

（1）地方人民政府设置或者批准设置的全日制小学。

（2）全日制普通中学。

（3）九年一贯制学校。

（4）初级中等职业技术学校。

（5）各种形式的简易小学或者教学点（班或者组）。

（6）特殊教育学校（班）：①对视力残疾、听力语言残疾和智力残疾的适龄儿童、少年实施义务教育；②工读学校；等等。

（7）文艺、体育和特种工艺等单位。

Part 3 模拟法庭

父母只让弟弟上学，不让姐姐上学的做法是违反法律规定的。《妇女权益保障法》（2022年10月30日修订，2023年1月1日起施行）第三十六条第一款规定：父母或者其他监护人应当履行保障适龄女性未成年人接受并完成义务教育的义务。

Part 4 拓展·法条链接

《中华人民共和国义务教育法》

第五十七条 学校有下列情形之一的，由县级人民政府教育行政部门责令限期改正；情节严重的，对直接负责的主管人员和其他直接责任人员依法给予处分：

（一）拒绝接收具有接受普通教育能力的残疾适龄儿童、少年随班就读的；

（二）分设重点班和非重点班的；

（三）违反本法规定开除学生的；

（四）选用未经审定的教科书的。

《中华人民共和国教师法》

第三十三条 教师在教育教学、培养人才、科学研究、教学改革、学校建设、社会服务、勤工俭学等方面成绩优异的，由所在学校予以表彰、奖励。

国务院和地方各级人民政府及其有关部门对有突出贡献的教师，应当予以表彰、奖励。

对有重大贡献的教师，依照国家有关规定授予荣誉称号。

第三十七条 教师有下列情形之一的，由所在学校、其他教育机构或者教育行政部门给予行政处分或者解聘：

（一）故意不完成教育教学任务给教育教学工作造成损失的；

（二）体罚学生，经教育不改的；

（三）品行不良、侮辱学生，影响恶劣的。

教师有前款第（二）项、第（三）项所列情形之一，情节严重，构成犯罪的，依法追究刑事责任。

Part 5 拓展·精彩推荐

一座高高的山上坐着一个小女孩，身旁放着一把镰刀和箩筐，望着远方发呆，这画面到现在我都无法忘记。

一个接受过教育的女娃，能够影响三代人。

只要母亲的素质高，孩子的素质就高，要解决偏远山区的贫困问题，就必须从提升妇女素质入手。

——“感动中国2020年度人物”

云南省丽江市华坪女子高级中学党支部书记、校长 张桂梅

云南省丽江市华坪女子高级中学誓词：“我生来就是高山而非溪流 ，我欲于群峰之巅俯视平庸的沟壑。我生来就是人杰而非草芥，我站在伟人之肩藐视卑微的懦夫！”张桂梅校长扎根云南贫困山区40多年，推动创建了中国第一所免费女子高中，2008年建校以来已帮助1600多位女孩圆梦大学校园。张老师被女孩们亲切地称为“张妈妈”。她像一束希望之光，照亮孩子们的追梦人生。

小结陈词

“教育兴则国家兴，教育强则国家强。”青少年朋友们，接受教育，既是我们作为公民的基本义务也是基本权利。接受教育，仅仅指坐在学校教室里上课吗？当然不是！我们正处于知识共享时代，除了接受学校、书本教育外，还可以通过家庭教育、社会教育等方式，采取网络学习等自主学习方式，真正做到终身学习，为中华之复兴而读书。知识就是力量！知识改变命运！不断努力、汲取知识、开拓视野，在知识的海洋里找寻快乐吧！

第十三章　公民基本权利与义务（15）

创造自由

创新是一个民族进步的灵魂，是一个国家兴旺发达的不竭动力，也是中华民族最深沉的民族禀赋。

——习近平《创新正当其时，圆梦适得其势》[①]

我们每个人都是创造者，
摄影、绘画、写作、
谱曲、写诗、朗诵、
拍摄视频、创新菜谱、
制作航天飞船……
人类每一天都在创造，
这也是我们日新月异、
欣欣向荣、推陈出新的重要动力。
我国保护公民创作的自由，
对有利于人民的创造给予鼓励与帮助。
我是文小创，
向大家介绍“创造自由”。

① 习近平:《习近平谈治国理政》第一卷，外文出版社2018年版。

脑洞时刻

1. 冬奥会吉祥物“冰墩墩”属于作品吗？是否受《著作权法》保护？

回答1：“冰墩墩”集结了创作者独创性的智慧，具有艺术美感，属于作品。

回答2：“冰墩墩”属于艺术作品，受《著作权法》的保护。

我的回答：____

2. 社会科学、自然科学、文学艺术创作包含哪些类别？举个例子。

回答1：社会科学更偏重文科，如历史、经济学、心理学……

回答2：自然科学更偏重理工科，如物理、化学、天文……

我的回答：____

3. 你最感兴趣的学科是什么呢？为什么？

我的回答：____

Part 1 文小创介绍创造自由

文小创

代　表　创造自由（宪法第四十七条）

爱　好　喜欢摄影、制作手账，照片可以定格时间，帮大家留存美好记忆，再配上我们的文字，就是很有趣的故事。

理　想　希望未来成为一名摄影师，去更多美丽的地方记录万家灯火温馨的故事。

讲　解

在我们国家，科学文化活动是社会主义精神文明的重要内容，为了促进我国科学文化事业的繁荣发展，宪法赋予公民参与科学文化活动的自由和权利。

宪法条文

《中华人民共和国宪法》

第四十七条 中华人民共和国公民有进行科学研究、文学艺术创作和其他文化活动的自由。国家对于从事教育、科学、技术、文学、艺术和其他文化事业的公民的有益于人民的创造性工作，给以鼓励和帮助。

Part 2 科普时间

1. 科学研究自由包含哪些?

公民享有通过各种方式从事社会科学和自然科学等学科研究的自由。

其中,自由包括选择科学研究课题、研究和探究问题、交流学术思想、发表个人学术见解等。

国家积极创造条件,鼓励和奖励科研人员,保护科研成果。

国务院(对科学事业作出重要贡献的个人或组织)设立国家科学技术奖,包括五个奖项:国家最高科学技术奖、国家自然科学奖、国家技术发明奖、国家科学技术进步奖、中华人民共和国国际科学技术合作奖。

2. 文学艺术创作自由的内容有哪些?

(1)文学艺术创作的作品有哪些?

公民有发挥个人的文学艺术创作才能,创作各种形式的文学艺术作品的自由。

作品包含：文字作品，如图书；口述作品；音乐、戏剧、曲艺、舞蹈、杂技艺术作品；美术、建筑作品；摄影作品；视听作品；工程设计图、产品设计图、地图、示意图等图形作品和模型作品；计算机软件等。

国家依法保护知识产权，包含著作权、商标权、专利权等。

（2）不受《著作权法》保护的作品有哪些？为什么？

① 法律、法规、国家机关的决议、决定、命令和其他具有立法、司法、行政性质的文件，以及官方正式译文；

（其目的是为人们提供行为规范，需广泛传播）

② 单纯事实消息；

（时事新闻是客观事件本身，为迅速广泛传播）

③ 历法、通用数表、通用表格和公式。

（其是一种通用工具，不具有独创性）

（3）哪些情况下使用作品，可以不经著作权人许可，不向其支付报酬？

① 为个人学习、研究或者欣赏，使用他人已经发表的作品；

② 为介绍、评论某一作品或者说明某一问题，在作品中适当引用他人已经发表的作品；

③ 为报道新闻，在报纸、期刊、广播电台、电视台等媒体中不可避免地再现或者引用已经发表的作品；

④ 报纸、期刊、广播电台、电视台等媒体刊登或者播放其他报纸、期刊、广播电台、电视台等媒体已经发表的关于政治、经济、宗教问题的时事性文章，但著作权人声明不许刊登、播放的除外；

⑤ 报纸、期刊、广播电台、电视台等媒体刊登或者播放在公众集会上发表的讲话，但作者声明不许刊登、播放的除外；

⑥ 为学校课堂教学或者科学研究，翻译、改编、汇编、播放或者少量复制已经发表的作品，供教学或者科研人员使用，但不得出版发行；

⑦ 国家机关为执行公务在合理范围内使用已经发表的作品；

⑧ 图书馆、档案馆、纪念馆、博物馆、美术馆、文化馆等为陈列或者保存版本的需要，复制本馆收藏的作品；

⑨ 免费表演已经发表的作品，该表演未向公众收取费用，也未向表演者支付报酬，且不以营利为目的；

⑩ 对设置或者陈列在公共场所的艺术作品进行临摹、绘画、摄影、录像；

⑪ 将中国公民、法人或者非法人组织已经发表的以国家通用语言文字创作的作品翻译成少数民族语言文字作品在国内出版发行；

⑫ 以阅读障碍者能够感知的无障碍方式向其提供已经发表的作品；

⑬ 法律、行政法规规定的其他情形。

Part 3 模拟法庭

提问

他创作的乐曲属于作品吗？
他对该作品有何权利？

Part 4 拓展·法条链接

《中华人民共和国著作权法》

第三条 本法所称的作品，是指文学、艺术和科学领域内具有独创性并能以一定形式表现的智力成果，包括：

（一）文字作品；

（二）口述作品；

（三）音乐、戏剧、曲艺、舞蹈、杂技艺术作品；

（四）美术、建筑作品；

（五）摄影作品；

（六）视听作品；

（七）工程设计图、产品设计图、地图、示意图等图形作品和模型作品；

（八）计算机软件；

（九）符合作品特征的其他智力成果。

第五十二条 有下列侵权行为的，应当根据情况，承担停止侵害、消除影响、赔礼道歉、赔偿损失等民事责任：

（一）未经著作权人许可，发表其作品的；

（二）未经合作作者许可，将与他人合作创作的作品当作自己单独创作的作品发表的；

（三）没有参加创作，为谋取个人名利，在他人作品上署名的；

（四）歪曲、篡改他人作品的；

（五）剽窃他人作品的；

（六）未经著作权人许可，以展览、摄制视听作品的方法使用作品，或者以改编、翻译、注释等方式使用作品的，本法另有规定的除外；

（七）使用他人作品，应当支付报酬而未支付的；

（八）未经视听作品、计算机软件、录音录像制品的著作权人、表演者或者录音录像制作者许可，出租其作品或者录音录像制品的原件或者复制件的，本法另有规定的除外；

（九）未经出版者许可，使用其出版的图书、期刊的版式设计的；

（十）未经表演者许可，从现场直播或者公开传送其现场表演，或者录制其表演的；

（十一）其他侵犯著作权以及与著作权有关的权利的行为。

《中华人民共和国刑法》

第二百一十七条　以营利为目的，有下列侵犯著作权或者与著作权有关的权利的情形之一，违法所得数额较大或者有其他严重情节的，处三年以下有期徒刑，并处或者单处罚金；违法所得数额巨大或者有其他特别严重情节的，处三年以上十年以下有期徒刑，并处罚金：

（一）未经著作权人许可，复制发行、通过信息网络向公众传播其文字作品、音乐、美术、视听作品、计算机软件及法律、行政法规规定的其他作品的；

（二）出版他人享有专有出版权的图书的；

（三）未经录音录像制作者许可，复制发行、通过信息网络向公众传播其制作的录音录像的；

（四）未经表演者许可，复制发行录有其表演的录音录像制品，或者通过信息网络向公众传播其表演的；

（五）制作、出售假冒他人署名的美术作品的；

（六）未经著作权人或者与著作权有关的权利人许可，故意避开或者破坏权利人为其作品、录音录像制品等采取的保护著作权或者与著作权有关的权利的技术措施的。

Part 5 拓展·世界知名奖项

中国·文学类奖项

茅盾文学奖

主办方:中国作家协会

评选时间:每四年评选一次

奖项介绍:1981年茅盾先生把自己的25万元稿费捐献给了中国作家协会,为鼓励长篇小说的创作,中国作家协会便以茅盾的名字设立了茅盾文学奖。茅盾文学奖每四年颁发一次,由中国作家协会主办,是中国具有最高荣誉的文学奖项之一。参评作品需为长篇小说,字数在13万字以上的作品。自2011年起,由于李嘉诚先生的赞助,茅盾文学奖的奖金从5万元提升到50万元,成为中国奖金最高的文学奖项。

另外三个国内知名文学奖项分别为:鲁迅文学奖、曹禺戏剧文学奖、老舍文学奖。

此外世界上知名文学奖项还有:诺贝尔文学奖(瑞典)、卡夫卡文学奖(捷克)、布克奖(英国)、普利策小说奖(美国)、直木奖(日本)等。

小结陈词

爱迪生一生的发明共有2000多项，拥有专利1000多项，他发明的留声机、电影摄影机、电灯，至今仍对世界有极大影响。现在的人工智能、电子信息技术、电影、小说……越来越多地融入我们的生活。发明创造可以穿越时光影响人类历史。青少年朋友们，夯实基础知识，发扬“安、专、迷”的精神，安下心来、专心致志、迷恋至深，努力创造更美好的未来吧！

第十四章　公民基本权利与义务（16）

· 保障妇女权益 ·

追求男女平等的事业是伟大的。妇女是人类文明的开创者、社会进步的推动者，是全面建设社会主义现代化国家的重要力量。男女平等和妇女全面发展程度，是衡量社会文明进步的重要标志。

——《中国妇女发展纲要（2021—2030年）》

男女平等是我国的基本国策，
禁止性别歧视，
保障妇女获得与男子平等的就业机会，
保障妇女的合法权益是全社会的共同责任。
我国制定并实施妇女发展纲要，
从健康、教育、经济、
参与决策和管理、
社会保障、家庭建设
六方面将妇女权益保障
纳入经济社会发展总体规划。
我是齐巾帼，
让我们一起了解“保障妇女权益”。

脑洞时刻

1. 在政治、经济、体育、文化、科学等领域，有哪些让你印象深刻的女性?

回答1：谷爱凌。她不仅学习优秀，而且在2022年北京冬奥会赢得两枚金牌、一枚银牌，为梦想坚持不懈地努力，是我学习的榜样。

回答2：屠呦呦。屠呦呦发现了青蒿素，用于治疗疟疾，挽救了全国乃至更多发展中国家数百万人的生命，是共和国勋章获得者，还是我国首位诺贝尔生理学或医学奖获得者。

我的回答：______________________________

2. 用人单位能否因女职工处于怀孕、生育、哺乳期间，而与其解除劳动合同?

回答1：不能因为女职工处于“三期”而与其解除劳动合同。应当优先保护“三期”女职工的合法权益。

回答2：“三期”女职工只有在严重违反公司规章制度等情形下，用人单位才能与其解除劳动合同，不得仅以其处于“三期”为由提出解除劳动合同。

我的回答：____

3. 若妇女遭到家暴，或被侵犯合法权益，该怎么维权呢？

我的回答：____

Part 1 齐巾帼介绍保障妇女权益

齐巾帼

代　表　保障妇女权益（宪法第四十八条）

爱　好　喜欢打排球，腾跳起来扣杀的感觉超棒，最爱的女神是郎平教练，每天早起第一件事是躺在床上对着郎平的海报给自己打气："今天也要加油呀！"

理　想　希望未来成为一名医生，热爱运动、强身健体的同时，能够救死扶伤！

讲　解

为了保护妇女的合法权益，促进男女平等，充分发挥女同胞的作用，我国制定了《妇女权益保障法》，从政治权利、人身和人格权益、文化教育权益、劳动和社会保障权益、财产权益、婚姻家庭权益等各个方面保障妇女权益，鼓励新时代的中国女性自尊、自信、自立、自强，在人生道路上闪闪发光。

宪法条文

《中华人民共和国宪法》

第四十八条 中华人民共和国妇女在政治的、经济的、文化的、社会的和家庭的生活等各方面享有同男子平等的权利。

国家保护妇女的权利和利益，实行男女同工同酬，培养和选拔妇女干部。

Part 2 科普时间

1. 产假是多少天？在此基础上，各地还规定了生育假，分别是多少天？

根据《女职工劳动保护特别规定》的规定，女职工生育享受98天产假，其中产前可以休假15天；难产的，增加产假15天；生育多胞胎的，每多生育1个婴儿，增加产假15天。女职工怀孕未满4个月流产的，享受15天产假；怀孕满4个月流产的，享受42天产假。

另外，不少地方对生育假作出了规定。例如，2021年11月26日修改的《北京市人口与计划生育条例》规定，北京地区按规定生育子女的夫妻，女方除享受国家规定的产假外，享受延长生育假60天，男方享受陪产假15天。男女双方休假期间，机关、企业事业单位、社会团体和其他组织不得将其辞退、与其解除劳动或者聘用合同，工资不得降低；法律另有规定的，从其规定。

2. 男方可以在女方怀孕期间提出离婚吗？

根据《民法典》第一千零八十二条的规定，女方在怀孕期间、分娩后1年内或者终止妊娠后6个月内，男方不得提出离婚；但是，女方提出离婚或者人民法院认为确有必要受理男方离婚请求的除外。

3. 出嫁的女儿能否享有继承父母财产的权利？

《民法典》第一千一百二十六条规定，继承权男女平等。

《妇女权益保障法》第五十八条第一款规定，妇女享有与男子平等的继承权。妇女依法行使继承权，不受歧视。

因此，出嫁的女儿享有平等继承父母财产的权利。

4. 丧偶儿媳能否继承公婆的遗产？

《民法典》第一千一百二十九条规定，丧偶儿媳对公婆，丧偶女婿对岳父母，尽了主要赡养义务的，作为第一顺序继承人。因此，丧偶儿媳对公婆尽了主要赡养义务的，可以作为第一顺序继承人继承公婆的遗产。

5. 除了产假、配偶陪产假、生育假外，还有哺乳假、育儿假，具体有多少天？

哺乳假是指有不满1周岁婴儿的女职工，其所在单位在每天劳动时间内为哺乳期女职工安排1小时哺乳时间；女职工生育多胞胎的，每多哺乳1个婴儿每天增加1小时哺乳时间。

在北京地区，按规定生育子女的夫妻，在子女满3周岁前，每人每年享受5个工作日的育儿假；每年按照子女满周岁计算。

Part 3 模拟法庭

孕妇正在办公室认真工作。
你天天大着肚子来上班，多辛苦呀！公司给你些补偿金，你把工作交接一下，以后不用来了。
我一直都勤勤恳恳工作，也没违反公司规定，为什么要开除我？
提问
公司可以解雇孕妇吗？有何条件？
除孕妇在工作中有严重过错外，公司不得与孕妇解除劳动关系。
图中公司无故解除与孕妇的劳动关系，是违法解除，应支付违法解除劳动关系赔偿金。
用人单位不得因女职工怀孕、生育、哺乳而降低其工资、予以辞退、与其解除劳动或者聘用合同。

Part 4 拓展·法条链接

《中华人民共和国妇女权益保障法》

第十三条 妇女有权通过各种途径和形式，依法参与管理国家事务、管理经济和文化事业、管理社会事务。

妇女和妇女组织有权向各级国家机关提出妇女权益保障方面的意见和建议。

《女职工劳动保护特别规定》

第九条 对哺乳未满1周岁婴儿的女职工，用人单位不得延长劳动时间或者安排夜班劳动。

用人单位应当在每天的劳动时间内为哺乳期女职工安排1小时哺乳时间；女职工生育多胞胎的，每多哺乳1个婴儿每天增加1小时哺乳时间。

第十条 女职工比较多的用人单位应当根据女职工的需要，建立女职工卫生室、孕妇休息室、哺乳室等设施，妥善解决女职工在生理卫生、哺乳方面的困难。

《中华人民共和国刑法》

第四十九条 犯罪的时候不满十八周岁的人和审判的时候怀孕的妇女，不适用死刑。

审判的时候已满七十五周岁的人，不适用死刑，但以特别残忍手段致人死亡的除外。

第二百四十条 拐卖妇女、儿童的，处五年以上十年以下有期徒刑，并处罚金；有下列情形之一的，处十年以上有期徒刑或者无期徒刑，并处罚金或者没收财产；情节特别严重的，处死刑，并处没收财产：

(一)拐卖妇女、儿童集团的首要分子；

(二)拐卖妇女、儿童三人以上的；

(三)奸淫被拐卖的妇女的；

(四)诱骗、强迫被拐卖的妇女卖淫或者将被拐卖的妇女卖给他人迫使其卖淫的；

(五)以出卖为目的，使用暴力、胁迫或者麻醉方法绑架妇女、儿童的；

(六)以出卖为目的，偷盗婴幼儿的；

(七)造成被拐卖的妇女、儿童或者其亲属重伤、死亡或者其他严重后果的；

(八)将妇女、儿童卖往境外的。

拐卖妇女、儿童是指以出卖为目的，有拐骗、绑架、收买、贩卖、接送、中转妇女、儿童的行为之一的。

Part 5 拓展·精彩推荐

1.令人崇敬的女教练——郎平

郎平，前中国女子排球运动员，奥运冠军，前女排国家队总教练，中国排球学院首任院长，中国排球协会副主席。1981—1984年，作为中国队队员，协助中国女排实现世界杯、世锦赛、奥运会的三连冠。

在执教中国女排期间，郎平率国家队获得一次奥运会冠军、两届世界杯冠军、一次世锦赛亚军、一次世锦赛第三名。女排姑娘们顽强拼搏的精神广为传颂，女排精神也被纳入中国共产党人的精神谱系。

2.短道速滑队的铁娘子——李琰

李琰12岁进入少体校接受短道速滑训练，在18岁时的一次比赛中左腿膝关节肌肉全部断裂，经过抢救，她1年后奇迹般地重返冰场。在第十五届冬奥会上，李琰除在表演赛中夺得一枚金牌外，还夺得两枚银牌，并创造1000米和1500米两项新的世界纪录。退役后，李琰任短道速滑国家队总教练，让低谷期的国家队短道速滑项目重新燃起了希望，成为冬奥会强有力的金牌争夺者。她先后培养出王濛、周洋等众多实力选手，并带领他们多次出征奥运会，均取得了优异的成绩。

2021年，东京奥运会中国体育代表团共有运动员431人（女运动员298人、男运动员133人）；2022年，北京冬奥会中国体育代表团共有运动员176人（女运动员87人，男运动员89人）。越来越多英姿飒爽的中国女运动员靠实力站在奥运赛场上，她们顽强拼搏、乐观向上，散发着中国女性自信、自强的魅力。

小结陈词

从封建社会“女人无才便是德”到现代的“妇女能顶半边天”，女性扮演着女儿、妻子、母亲等家庭角色，同时，她们也是科学家、航天员、法官、导演等为自己幸福努力的奋斗者……中国女性在政治、航空、科研、文化、体育、经济等多个领域绽放光彩，她们有柔情善良的一面，也有勤恳坚韧的另一面，祝愿每一位女性都能拥有精彩的人生。

第十五章　公民基本权利与义务（17）

· 婚姻家庭合法权益 ·

是什么东西把我养育大的？我常常拿这个问题问我自己。当我这样问的时候，最先在我的脑子里浮动的就是一个“爱”字。父母的爱，骨肉的爱，人间的爱，家庭生活的温暖，我的确是一个被人爱着的孩子。

——巴金《我的幼年》

家是避风的港湾，
小家幸福了，
才能促进我们工作、生活的顺利，
才能更好地推进国家建设。
中华民族历来重视家庭教育，
家庭、家教、家风越发引发社会重视，
在我国婚姻家庭中，
母亲和儿童受国家的保护。
我是何家，
让我们一起了解“婚姻家庭权益”。

脑洞时刻

1. 舅舅属于近亲属吗?

回答1: 舅舅不是近亲属。近亲属包含配偶、父母、子女、兄弟姐妹、祖父母、外祖父母、孙子女、外孙子女。

回答2: 舅舅属于亲属而非近亲属。

我的回答: ____________________

2. 作为子女，你和父母之间有哪些法定义务呢?

回答1: 父母有抚养教育未成年子女的义务。

回答2: 成年子女有赡养、扶助父母的义务。

我的回答: ____________________

3. 法定结婚年龄是多少岁? 男女有别吗?

我的回答: ____________________

Part 1 何家介绍婚姻家庭合法权益

何　家

代　表　保护婚姻家庭合法权益（宪法第四十九条）

爱　好　喜欢书法，看到妈妈作为一名社区工作者，帮助街坊邻居解决问题，觉得很有意义。

理　想　希望未来成为一名法律援助者，帮助更多弱势人群。

讲　解

婚姻家庭受国家的保护。家庭应当树立优良家风，弘扬家庭美德，重视家庭文明建设。

夫妻应当互相忠诚，互相尊重，互相关爱；家庭成员应当敬老爱幼，互相帮助，维护平等、和睦、文明的婚姻家庭关系。

宪法条文

《中华人民共和国宪法》

第四十九条 婚姻、家庭、母亲和儿童受国家的保护。

夫妻双方有实行计划生育的义务。

父母有抚养教育未成年子女的义务，成年子女有赡养扶助父母的义务。

禁止破坏婚姻自由，禁止虐待老人、妇女和儿童。

Part 2 科普时间

1.《民法典》中关于亲属、近亲属、家庭成员的区别是什么？哪个范围更大？

亲属包括配偶、血亲和姻亲。

配偶、父母、子女、兄弟姐妹、祖父母、外祖父母、孙子女、外孙子女为近亲属。

配偶、父母、子女和其他共同生活的近亲属为家庭成员。

血亲是有血缘联系的亲属。血亲包括自然血亲和拟制血亲（本来没有血缘关系）；直系血亲和旁系血亲；尊亲属、晚辈亲属和平辈亲属。

近亲属与家庭成员的区别是，家庭成员仅是近亲属中的一部分，因此，家庭成员一定是近亲属，而近亲属不一定是家庭成员。

2. 哪些属于婚姻无效的情形？

根据《民法典》第一千零五十一条的规定，无效婚姻主要有以下几种情形：

① 重婚；

② 有禁止结婚的亲属关系（直系血亲或者三代以内的旁系血亲禁止结婚）；

③ 未到法定婚龄。

我国婚姻法律禁止直系血亲和三代以内旁系血亲通婚。

旁系血亲是指非直系血亲而在血缘上和自己同出一源的亲属。所谓三代以内的旁系血亲，是指从自己上溯至同一血源的亲属，再向下数两代。

我国规定的法定结婚年龄，男不得早于22周岁，女不得早于20周岁。

3. 家庭成员之间有哪些权利与义务?

根据《民法典》及相关法律法规的规定，家庭成员之间的权利与义务主要有以下几点：

① 父母对未成年子女或不能独立生活的成年子女有抚养义务；父母有教育、保护未成年子女的权利与义务；未成年子女造成他人损害的，父母应当依法承担民事责任。

② 成年子女对父母有赡养、扶助和保护的义务；子女应尊重父母的婚姻权利。

③ 夫妻有互相扶养义务。

④ 父母和子女有相互继承遗产的权利。

⑤ 祖孙之间的抚养、赡养义务。

⑥ 兄弟姐妹间的扶养义务。

……

4. 未成年人的父母或者其他监护人和学校应当教育未成年人不得有哪些不良行为?

①吸烟、饮酒;

②多次旷课、逃学;

③无故夜不归宿、离家出走;

④沉迷网络;

⑤与社会上具有不良习性的人交往,组织或者参加实施不良行为的团伙;

⑥进入法律法规规定未成年人不宜进入的场所;

⑦参与赌博、变相赌博,或者参加封建迷信、邪教等活动;

⑧阅览、观看或者收听宣扬淫秽、色情、暴力、恐怖、极端等内容的读物、音像制品或者网络信息等;

⑨其他不利于未成年人身心健康成长的不良行为。

5. 被拐卖妇女的婚姻可以被撤销吗?

被拐卖妇女,在胁迫行为终止或者恢复人身自由之日起1年内,可以申请撤销婚姻。

提问

图中涉及哪些法律规定及义务呢？

成年子女对父母负有赡养、扶助和保护的义务；
父母有教育、保护未成年子女的权利和义务；
夫妻有相互扶养的义务。

《老年人权益保障法》规定，与老年人分开居住的家庭成员，应当经常看望或者问候老年人。
《民法典》规定，成年子女对父母负有赡养、扶助和保护的义务。夫妻有互相扶养的义务。
《家庭教育促进法》规定，未成年人的父母或者其他监护人及其他家庭成员应当注重家庭建设，培养积极健康的家庭文化，树立和传承优良家风，弘扬中华民族家庭美德，共同构建文明、和睦的家庭关系，为未成年人健康成长营造良好的家庭环境。

Part 4 拓展·法条链接

《中华人民共和国民法典》

第一千零四十二条 禁止包办、买卖婚姻和其他干涉婚姻自由的行为。禁止借婚姻索取财物。

禁止重婚。禁止有配偶者与他人同居。

禁止家庭暴力。禁止家庭成员间的虐待和遗弃。

第一千零七十九条 夫妻一方要求离婚的，可以由有关组织进行调解或者直接向人民法院提起离婚诉讼。

人民法院审理离婚案件，应当进行调解；如果感情确已破裂，调解无效的，应当准予离婚。

有下列情形之一，调解无效的，应当准予离婚：

（一）重婚或者与他人同居；

（二）实施家庭暴力或者虐待、遗弃家庭成员；

（三）有赌博、吸毒等恶习屡教不改；

（四）因感情不和分居满二年；

（五）其他导致夫妻感情破裂的情形。

一方被宣告失踪，另一方提起离婚诉讼的，应当准予离婚。

经人民法院判决不准离婚后，双方又分居满一年，一方再次提起离婚诉讼的，应当准予离婚。

《中华人民共和国刑法》

第二百五十七条 以暴力干涉他人婚姻自由的，处二年以下有期徒刑或者拘役。

犯前款罪，致使被害人死亡的，处二年以上七年以下有期徒刑。

第一款罪，告诉的才处理。

第二百五十八条 有配偶而重婚的，或者明知他人有配偶而与之结婚的，处二年以下有期徒刑或者拘役。

第二百六十条 虐待家庭成员，情节恶劣的，处二年以下有期徒刑、拘役或者管制。

犯前款罪，致使被害人重伤、死亡的，处二年以上七年以下有期徒刑。

第一款罪，告诉的才处理，但被害人没有能力告诉，或者因受到强制、威吓无法告诉的除外。

《中华人民共和国未成年人保护法》

第十七条 未成年人的父母或者其他监护人不得实施下列行为：

（一）虐待、遗弃、非法送养未成年人或者对未成年人实施家庭暴力；

（二）放任、教唆或者利用未成年人实施违法犯罪行为；

（三）放任、唆使未成年人参与邪教、迷信活动或者接受恐怖主义、分裂主义、极端主义等侵害；

（四）放任、唆使未成年人吸烟（含电子烟，下同）、饮酒、赌博、流浪乞讨或者欺凌他人；

（五）放任或者迫使应当接受义务教育的未成年人失学、辍学；

（六）放任未成年人沉迷网络，接触危害或者可能影响其身心健康的图书、报刊、电影、广播电视节目、音像制品、电子出版物和网络信息等；

（七）放任未成年人进入营业性娱乐场所、酒吧、互联网上网服务营业场所等不适宜未成年人活动的场所；

（八）允许或者迫使未成年人从事国家规定以外的劳动；

（九）允许、迫使未成年人结婚或者为未成年人订立婚约；

（十）违法处分、侵吞未成年人的财产或者利用未成年人牟取不正当利益；

（十一）其他侵犯未成年人身心健康、财产权益或者不依法履行未成年人保护义务的行为。

Part 5 拓展·精彩书籍推荐

推荐一本被评为2013年“中国最美的书”——《平如美棠——我俩的故事》。该书由饶平如写给他逝去的妻子毛美棠，每每读起，总是被他们跨越60年的忠贞爱情打动。

2008年，饶平如的妻子毛美棠去世。那之后有半年时间，他睹物思人，心如刀割。为了排遣对妻子的思念，他决定将他俩一辈子的点点滴滴用画笔记录下来。2008—2012年，年近90岁的饶平如开始学画画，用了4年时间画了400多幅画，将他对妻子的思念放进这些零碎的纸张中。

小结陈词

每个人的一生几乎都离不开家庭，我们的身份随着时间的推进不断变化，你可能是女儿、儿子，弟弟、姐姐，妈妈、爸爸，叔叔、阿姨，爷爷、奶奶，姥姥、姥爷……家庭里有你骨肉相连的亲人，这世界上最爱你的是他们。每一位家庭成员都要遵循家庭美德。家庭美德的基本要求：尊老爱幼、男女平等、夫妻和睦、勤俭持家、邻里团结。家和万事兴，让我们用爱灌溉、互相扶助，与家人们共同创造美好生活。

第十六章　公民基本权利与义务（18）

· 保护侨胞权益 ·

实现中华民族伟大复兴，是海内外中华儿女的共同心愿，也是陈嘉庚先生等前辈先人的毕生追求。希望广大华侨华人弘扬“嘉庚精神”，深怀爱国之情，坚守报国之志，同祖国人民一道不懈奋斗，共圆民族复兴之梦。

——习近平2014年10月17日给厦门市集美校友总会的回信

一代又一代海外侨胞，
秉承中华民族优秀传统，
不忘身上流淌的中华民族血液，
热情支持中国革命、建设、改革事业。
凝侨心，聚侨力，护侨益，
华夏儿女继续为中华民族发展壮大、
促进祖国的和平统一大业、
增进与各国的友谊作出自己的贡献。
我是艾侨，
我国保护侨胞正当合法权益。

脑洞时刻

1. 华侨、华裔，都是中国国籍吗？他们有何区别？

回答1：华侨是定居在国外的中国公民，有中国国籍。

回答2：华裔（外籍华人）是指有中国血统的华人在旅居国所生并取得旅居国国籍的后代，不具有中国国籍。

我的回答：____________________________________

2. 哪些情况能取得我国国籍？

回答1：父母双方或一方为中国公民，本人出生在中国，具有中国国籍。

回答2：父母双方或一方为中国公民，本人出生在外国，具有中国国籍；但父母双方或一方为中国公民并定居在外国，本人出生时即具有外国国籍的，不具有中国国籍。

我的回答：____________________________________

3. 外籍华人在我国领土上犯罪，是否受我国法律约束？

我的回答：____________________________________

Part 1 艾侨介绍保护侨胞权益

艾 侨

代 表 保护侨胞正当合法权益（宪法第五十条）

爱 好 在学好中文的同时，喜欢学习外语，除了英语，还在学习俄罗斯语、日语。语言是认识别人、让别人了解我们的桥梁。

理 想 希望未来成为一名中华文化的传播者，让更多人认识、了解中国。

讲 解

为了养家，我爷爷年轻时去澳大利亚工作。

“独在异乡为异客，每逢佳节倍思亲。”虽然身处国外的中国人离开祖国的怀抱，可一旦遇到危险，祖国母亲这条“中国龙”会飞到身边保护他们。

宪法条文

《中华人民共和国宪法》

第五十条 中华人民共和国保护华侨的正当的权利和利益，保护归侨和侨眷的合法的权利和利益。

Part 2 科普时间

1. 华侨、归侨、侨眷、外籍华人的定义分别是什么?

（1）华侨：定居在国外的中国公民。（必须具有中国国籍）

（2）归侨：回国定居的华侨。（回国之前是华侨）

（3）侨眷：华侨、归侨在国内的眷属。包括：华侨、归侨的配偶、父母、子女及其配偶、兄弟姐妹、祖父母、外祖父母、孙子女、外孙子女，以及同华侨、归侨有长期扶养关系的其他亲属。

上述华侨、归侨、侨眷均为中国国籍。

（4）外籍华人：已加入外国国籍的原中国公民及其外籍后裔；中国公民的外国籍后裔。根据属地管辖原则，其在国外犯罪，不受中国法律约束和管辖，只接受所在国法律约束和管辖。

2. 华侨与归侨、侨眷的权益有哪些不同?

华侨的正当权利和利益:

因华侨定居在国外，原则上适用居住地法律。即根据居住地国家法与相关国际条约，维护其正当权利与利益。

归侨、侨眷的合法权利和利益:

居住在中国的中国国籍公民，应适用我国法律，维护其合法的权利和利益。

3. 外籍华人在中国境内触犯中国的法律，该怎么办?

我国依据属地管辖对其拥有管辖权。

在刑事犯罪方面，我国《刑法》第六条规定："凡在中华人民共和国领域内犯罪的，除法律有特别规定的以外，都适用本法。凡在中华人民共和国船舶或者航空器内犯罪的，也适用本法。犯罪的行为或者结果有一项发生在中华人民共和国领域内的，就认为是在中华人民共和国领域内犯罪。"

我国《刑事诉讼法》第十七条第二款规定："对于享有外交特权和豁免权的外国人犯罪应当追究刑事责任的，通过外交途径解决。"

Part 3 模拟法庭

开启两年加拿大留学之旅！
中国
留学
加拿大
大学毕业后，在加拿大工作生活十年了，现在全家准备回中国生活。
我在中国可以拥有中国、加拿大双重国籍吗？
提问
在外留学期间可视为华侨吗？
我国承认双重国籍吗？
定居在国外的中国公民属于华侨，在外短暂的留学不视为华侨。
不承认双重国籍是我国奉行的一贯政策。
中国公民出国留学（包括公派和自费）在外学习期间，或因公务出国（包括外派劳务人员）在外工作期间，均不视为华侨。
国籍法规定，中华人民共和国不承认中国公民具有双重国籍。
定居外国的中国公民，自愿加入或取得外国国籍的，即自动丧失中国国籍。

Part 4 拓展·法条链接

《中华人民共和国国籍法》

第四条 父母双方或一方为中国公民，本人出生在中国，具有中国国籍。

第五条 父母双方或一方为中国公民，本人出生在外国，具有中国国籍；但父母双方或一方为中国公民并定居在外国，本人出生时即具有外国国籍的，不具有中国国籍。

第七条 外国人或无国籍人，愿意遵守中国宪法和法律，并具有下列条件之一的，可以经申请批准加入中国国籍：

一、中国人的近亲属；

二、定居在中国的；

三、有其它正当理由。

《中华人民共和国归侨侨眷权益保护法》

第十一条 国家鼓励和引导归侨、侨眷依法投资兴办产业，特别是兴办高新技术企业，各级人民政府应当给予支持，其合法权益受法律保护。

第十二条 归侨、侨眷在国内兴办公益事业，各级人民政府应当给予支持，其合法权益受法律保护。

归侨、侨眷境外亲友捐赠的物资用于国内公益事业的，依照法律、行政法规的规定减征或者免征关税和进口环节的增值税。

Part 5 拓展·英雄模范人物

华侨旗帜，民族光辉——陈嘉庚

陈嘉庚（1874年10月21日—1961年8月12日），福建人，集美大学、厦门大学的创始人。

陈嘉庚少年时赴新加坡随父经商获得成功，作为华侨，他对中华民族充满深情挚爱，为中华民族的振兴作出终身奉献。陈嘉庚先生爱国兴学，投身救亡斗争，推动华侨团结，争取民族解放，是侨界的一代领袖和楷模。他艰苦创业、自强不息的精神，以国家为重、以民族为重的品格，关心祖国建设、倾心教育事业的诚心，永远值得我们学习。

毛主席盛赞陈嘉庚是“华侨旗帜，民族光辉”。

1990年3月，国际小行星中心和小行星命名委员会将中国科学院紫金山天文台于1964年发现的编号为第2963号小行星命名为“陈嘉庚星”，以表彰陈嘉庚对教育事业的杰出贡献。

2009年，陈嘉庚当选“100位为新中国成立作出突出贡献的英雄模范人物”。

2014年起，厦门市将每年10月定为“嘉庚精神宣传月”。2019年，厦门市还将地铁1号线列车组命名为“嘉庚号”，以纪念陈嘉庚。

小结陈词

无论是自然灾害还是近年的新冠肺炎疫情，在祖国遇到困难的时候，身在国外的华侨心系祖国，有钱出钱，有力出力。海外华人、华侨积极捐款捐物，展现华夏儿女的拳拳之心。居住在海外的侨胞，都会受到我国驻外机构的关照。在国外爆发战事或发生不安定情形，祖国母亲第一时间为他们保驾护航。我们要团结侨胞，共同为中华民族的伟大复兴加油！

第十七章 公民基本权利与义务（19）

· 自由和权利的限度 ·

一个人的绝对自由是疯狂，一个国家的绝对自由是混乱。

——[法]罗曼·罗兰《约翰·克利斯朵夫》

自由与权利就像呼啸而过的列车，
如果不给列车铺设轨道，
不设定列车时刻表与规则，
必然会出现列车脱轨或相撞的悲剧。
道德与法律，
规范自由和权利的限度，
保障社会的方方面面有序发展。
我是公允义，
向大家讲解“自由和权利的限度”。

脑洞时刻

1. 公民的自由与权利可以随意行使吗？

回答1： 不可以随意行使。比如，你可以画一幅冰墩墩挂在家里欣赏，但不能拿来出售营利。

回答2： 不可以随意行使。比如，你可以依法建房，但不能严重影响邻居的采光。

我的回答： ______________________________

2. 在自己家可以随心所欲地把音响调到最大吗？

回答1： 不可以。当音响声打扰到邻居的正常生活时，是违法的。

回答2： 受到环境噪声污染危害的邻居，有权要求加害者排除妨害；造成损失的，应当依法赔偿损失。

我的回答： ______________________________

3. 在行使言论自由权利时，有哪些需要注意的事项？

我的回答： ______________________________

Part 1 公允义介绍自由和权利的限度

公允义

代　表　自由和权利有限度（宪法第五十一条）

爱　好　对中华传统文化感兴趣，喜欢读唐诗宋词，会耳濡目染学习一些爷爷打的太极、听的京剧。

理　想　希望未来能组织一个读书会，让更多人了解国学。

讲　解

我们享有政治权利与自由、宗教信仰自由、人身自由、人格尊严、居住自由、通信自由与通信秘密不受侵犯、创造自由、监督权等权利与自由，但在行使时不得损害国家的、社会的、集体的利益和其他公民的合法的自由和权利。

宪法条文

《中华人民共和国宪法》

第五十一条　中华人民共和国公民在行使自由和权利的时候，不得损害国家的、社会的、集体的利益和其他公民的合法的自由和权利。

Part 2 科普时间

1. 法律规定中常会提到“不得违反公序良俗”，公序良俗是指什么?

公序，指公共秩序，是指国家社会的存在及其发展所必需的一般秩序；良俗，指善良风俗，是指国家社会的存在及其发展所必需的一般道德。

公序良俗指民事主体的行为应当遵守公共秩序，符合善良风俗，不得违反国家的公共秩序和社会的一般道德。

例如，尊老爱幼、助人为乐、爱护环境、家庭伦理等人民普遍认同的秩序与道德。

2.“网络是虚拟的，我可以想说什么就说什么”，这句话正确吗？在网络上需要遵守公序良俗吗？

不正确。

网络文明是现实社会文明的延伸，我们每个人都是互联网的受益者和参与者，更应该成为建设者和贡献者。

网络不是法外之地，应努力提高网络素养，自觉抵制并积极举报不雅行为、不当言论、有害信息等网络不良内容，共同守护网络文明。

Part 3 模拟法庭

人人树立防火观念，户户清除火灾隐患。
加强物业管理，查找隐患堵漏洞，消防安全有保证。
严禁堆放杂物，请保持楼梯走路畅通。
楼道是我们业主共有的，我把东西放哪儿是我的自由。
请不要占用消防通道。
消防通道 禁止停车
我把车停哪儿是我的自由。
提问
上图中所说的“自由”受法律保护吗？
不受法律保护。上述堆放杂物堵住安全出口、停车占用消防通道的行为存在严重的安全隐患。
根据《北京市物业管理条例》第七十八条的规定，业主不得擅自通过设置地锁、石墩、栅栏等障碍物和乱堆乱放杂物等方式，占用、堵塞、封闭消防通道、疏散通道等共用部位，或者损坏消防设施等共用设施设备。若出现上述行为，利害关系人有权投诉、举报，业主委员会或者物业管理委员会、物业服务人应当及时劝阻；劝阻无效的，应当向街道办事处、乡镇人民政府或者行政执法机关报告。

Part 4 拓展·法条链接

《中华人民共和国刑法》

第二百四十六条 以暴力或者其他方法公然侮辱他人或者捏造事实诽谤他人，情节严重的，处三年以下有期徒刑、拘役、管制或者剥夺政治权利。

前款罪，告诉的才处理，但是严重危害社会秩序和国家利益的除外。

通过信息网络实施第一款规定的行为，被害人向人民法院告诉，但提供证据确有困难的，人民法院可以要求公安机关提供协助。

《中华人民共和国民法典》

第八条 民事主体从事民事活动，不得违反法律，不得违背公序良俗。

第一千零一十二条 自然人享有姓名权，有权依法决定、使用、变更或者许可他人使用自己的姓名，但是不得违背公序良俗。

Part 5 拓展 · 影视推荐

电影《搜索》改编自小说《请你原谅我》，讲述都市白领叶蓝秋因为在公交车上不给老人让座，引发了“蝴蝶效应”般的网络暴力，以致最终被逼到生活的死角的故事。

从人肉搜索到网络暴力，我们从电影中看到一些社会问题，让我们反思网络公德，你所行使的“言论自由”可能已经侵犯他人的隐私及其他合法权益。

小结陈词

在访谈节目《和陌生人说话》中，有一集《我不是“神女”》，讲述一个女高中生被校园霸凌的事例。同学在校园贴吧上各种没来由地造谣、诽谤，一度导致女孩精神抑郁，即便这个女孩后来已经成家立业，但青春时期的噩梦还是缠绕着她。

你在网络上随意输入的几个字、几句话，可能在他人看来充满恶意，会导致他人身心受伤，甚至放弃生命。不要做随波逐流的“网络喷子”，“己所不欲，勿施于人”，努力提升自身学习能力和道德素养，做好自己人生的主人。

第十八章　公民基本权利与义务（20）

·维护国家统一、民族团结的义务·

全国各族人民都要珍惜民族大团结的政治局面，都要坚决反对一切危害各民族大团结的言行。要坚决依法惩处和打击暴力恐怖活动，筑牢民族团结、社会稳定、国家统一的铜墙铁壁。

——习近平2014年3月4日在看望出席全国政协十二届二次会议的委员并参加分组讨论时的讲话

勤劳、勇敢、智慧的中华民族，
拥有五千年文化传承，
共同开拓幅员辽阔的国土，
共同缔造统一的多民族国家，
共同发展悠久灿烂的中华文化。
各民族同甘苦，共患难，
风雨同舟，同心协力，
筑牢民族团结社会稳定国家统一的铜墙铁壁。
我是白晓和，
一起了解“维护国家统一、民族团结”吧！

1. 香港、澳门回归的时间分别是什么时候呢?

回答1: 香港自古以来是中国的领土，1842—1997年受英国殖民统治，直至1997年____月___日回归祖国的怀抱。

回答2: 1999年____月___日，中华人民共和国政府对澳门恢复行使主权。

2. 五十六个民族中，你对哪个民族感兴趣?

回答: 藏族、俄罗斯族、哈萨克族、塔吉克族、朝鲜族、蒙古族等，我国是多民族国家。

我的回答: ______________________________

3. 通过查阅资料，向同学们介绍一下你感兴趣的民族吧：他们的风土民情、历史起源、地理分布、传统服饰、饮食文化、文字语言、传统节日……

我的回答: ______________________________

Part 1 白晓和介绍维护国家统一、各民族团结

白晓和

代　表　维护国家统一、各民族团结（宪法第五十二条）

爱　好　喜欢美食，白族注重节庆，每个节日都有应景食品，如春节吃叮叮糖和三月街吃蒸糕，特色美食有乳扇和砂锅鱼等。

理　想　希望未来成为一名美食家，探访中华以及世界各地美食。

讲　解

我是白族人。白族是中国西南边疆的一个少数民族，主要分布在云南省大理白族自治州。白族崇尚白色，女子头饰代表大理的“风、花、雪、月”四景，舞蹈道具霸王鞭；男子身着扎染马褂，舞蹈道具八角鼓。

火把节是白族的传统节日，每年农历六月二十五节日当天，男女老少聚集一堂祭祖。通过拜火把、点火把、耍火把、跳火把等活动，预祝五谷丰登、六畜兴旺。

维护国家统一、各民族团结，就是要维护国家主权独立，维护和发展各民族的平等、团结、互助关系。

宪法条文

《中华人民共和国宪法》

第五十二条 中华人民共和国公民有维护国家统一和全国各民族团结的义务。

Part 2 科普时间

1. 中华人民共和国的组成部分有哪些？

（1）我国的领土由哪些部分组成？

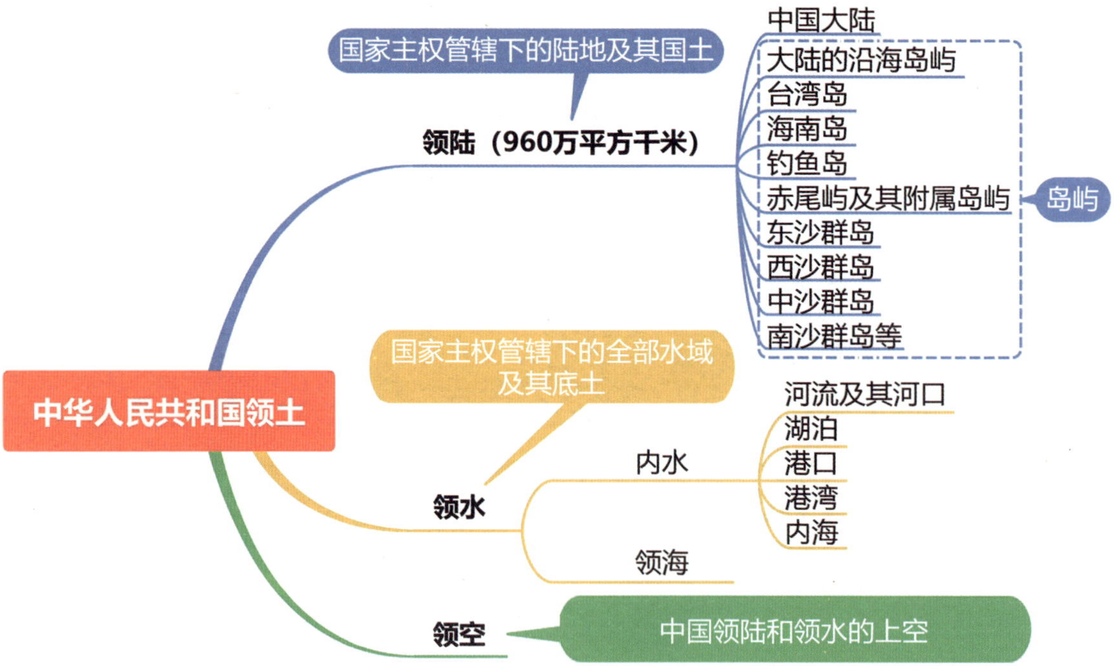

（2）你了解我国现行行政区划吗？介绍一下你所在的行政区吧！

根据宪法第三十条的规定，我国的行政区域划分如下：（1）全国分为省、自治区、直辖市；（2）省、自治区分为自治州、县、自治县、市；（3）县、自治县分为乡、民族乡、镇。直辖市和较大的市分为区、县。自治州分为县、自治县、市。同时，宪法第三十一条规定，国家在必要时得设立特别行政区。

根据民政部《2021年民政事业发展统计公报》，截至2021年年底，全国共有省级行政区划单位34个，地级行政区划单位333个，县级行政区划单位2843个，乡级行政区划单位38，558个。具体参见下表。

表1　2021年行政区划情况

单位：个

指标	数量	指标	数量
省级	34	地级	333
直辖市	4	地级市	293
省（含台湾省）	23	地区	7
自治区	5	自治州	30
特别行政区	2	盟	3
县级	2843	乡级	38558
市辖区	977	镇	21322
县级市	394	乡	7197
县	1301	民族乡	958
自治县	117	苏木	153
旗	49	民族苏木	1
自治旗	3	街道	8925
林区	1	区公所	2
特区	1		

（3）我的家乡在云南省（省级）大理白族自治州（地级）大理市（县级）下关镇（乡级），你的家乡呢？

我的回答：____

2. 民族团结：中华民族的组成部分有哪些？

56 个民族记忆口诀

汉满傈僳景颇壮，高山普米锡伯藏；
毛南布依维吾尔，仡佬仫佬蒙古羌；
乌孜别克俄罗斯，保安独龙京东乡；
哈尼彝苗鄂伦春，裕固朝鲜傣阿昌；
鄂温克水德昂怒，基诺赫哲土布朗；
塔塔尔白回土家，达斡尔畲黎珞巴；
拉祜纳西塔吉克，哈萨克佤瑶撒拉；
我国民族五十六，柯尔克孜侗门巴。

有大爷受伤了，快送大爷去医院。
交通肇事司机没有钱赔给我，可怎么办？
我们可以打官司，向保险公司要钱。
我是白族人，平时主要说白语，我的汉语说得不是很好，也不识字，能打官司吗？
提问
各少数民族可以在法院庭审过程中使用本民族的语言吗？
可以使用本民族语言。民族自治地方的人民法院应当用当地通用的语言审理案件。保障各民族公民都有使用本民族语言文字进行诉讼的权利。
《民族区域自治法》规定，民族自治地方的人民法院和人民检察院应当用当地通用的语言审理和检察案件，并合理配备通晓当地通用的少数民族语言文字的人员。对于不通晓当地通用的语言文字的诉讼参与人，应当为他们提供翻译。

Part 4 拓展 · 法条链接

《中华人民共和国民族区域自治法》

第二条 各少数民族聚居的地方实行区域自治。

民族自治地方分为自治区、自治州、自治县。

各民族自治地方都是中华人民共和国不可分离的部分。

《中华人民共和国刑法》

第二百五十一条 国家机关工作人员非法剥夺公民的宗教信仰自由和侵犯少数民族风俗习惯，情节严重的，处二年以下有期徒刑或者拘役。

Part 5 拓展·歌曲、服饰欣赏

1.《七子之歌·澳门》

“那三百年来
梦寐不忘的生母啊
请叫儿的乳名，
叫我一声‘澳门’！
母亲！
我要回来，母亲”

《七子之歌》是我国近代爱国主义诗人闻一多于1925年3月创作的组诗作品。诗人在这一组诗作品里用拟人化的手法，把中国的澳门、香港、台湾、威海卫、广州湾、九龙岛、旅顺和大连七个被割让、租借的地方，比作祖国母亲被夺走的七个孩子，让他们来倾诉“失养于祖国、受虐于异类”的悲哀之情，“以抒其孤苦亡告，眷怀祖国之哀忱”，从而让民众从漠然中警醒，振兴中华，收复失地。

为迎接澳门回归，《七子之歌·澳门》被作曲家李海鹰谱曲，成为1999年12月20日澳门回归主题曲。

2. 书籍《中国最美·民族服饰》

《中国最美·民族服饰》精选我国具有代表性、视觉美感的民族民间传统造型艺术服饰。以图文并举的方式解读作品的历史沿革、文化内涵、民风习俗、工艺流程与美学特色。

小结陈词

“为中国人民谋幸福，为中华民族谋复兴。”这是中国共产党人的初心与使命。青少年朋友们，想一想：你所学习、接触到的哪些故事体现了爱国精神呢？我们有冰雪大世界的精彩，也有海南岛热带风光；有傣族泼水节的欢快，也有蒙古族那达慕大会的奔放。我们的国家广袤无垠、幅员辽阔，灿烂的文明博大精深、源远流长，骨肉同胞相亲相爱、风雨同舟。我们有幸生活在和平年代，可以努力拼搏、追求梦想，需要牢记“有国才有家”，做一个爱祖国、爱人民、团结各民族同胞的新时代接班人！

第十九章　公民基本权利与义务（21）

· 遵纪守法义务 ·

天网恢恢，疏而不失。

——老子《道德经》

每一个具有道德良知、法纪意识的公民，
都应自觉拿起法纪武器，
与各种违法乱纪行为作坚决的斗争，
做到明纪、知法、守法，
推动法治建设和社会和谐。
到处井然有序、人人崇尚法治，
这样的社会才会令人向往，
才充满生机和希望。
我是唐守法，
让我们一起了解“遵纪守法”。

脑洞时刻

1. 与我们生活有关的交通、教学等公共秩序，具体包括哪些内容呢？

回答1：例如，在交通规则中，交通信号灯由红灯、绿灯、黄灯组成。红灯表示禁止通行，绿灯表示准许通行，黄灯表示警示。

回答2：课堂纪律包括：上课要遵守课堂秩序，专心听讲，不打瞌睡、不喧哗，不看小说、杂志等课外书籍，严禁在课堂内玩游戏，不得迟到早退。例如，未成年人保护法规定，未经学校允许，未成年学生不得将手机等智能终端产品带入课堂，带入学校的应当统一管理。

我的回答：______________________________

2. 我国除宪法外，还有哪些法律呢？

回答1：《刑法》，是为了惩罚犯罪、保护人民而制定的法律；《民法典》，为物权、合同、婚姻、继承等民事案件提供法律依据。

回答2：我知道《环境保护法》《未成年人保护法》《劳动合同法》《妇女权益保障法》……

我的回答：______________________________

3. 如果你是公司老板，你会制定哪些劳动纪律？

我的回答：______________________________

Part 1 唐守法介绍遵纪守法义务

唐守法

代　表　遵纪守法（宪法第五十三条）

爱　好　喜欢数学，常常看着几何图形入迷，“无规矩不成方圆”。

理　想　希望未来成为一名数学老师，在严谨的数字和规则中传授更多知识。

讲　解

“无规矩不成方圆”。

无论从事何种职业，都要遵纪守法。

宪法条文

《中华人民共和国宪法》

第五十三条 中华人民共和国公民必须遵守宪法和法律，保守国家秘密，爱护公共财产，遵守劳动纪律，遵守公共秩序，尊重社会公德。

Part 2 科普时间

1. 宪法与法律（广义）之间的关系是什么？

宪法：规定国家生活最根本、最重要的问题，是根本大法，具有最高的法律效力。最高行为准则，治国安邦总章程。

法律：除宪法外的法律、行政法规、地方性法规等在内的规范性法律文件。

普通法律是依据宪法制定的，是宪法的具体化；普通法律不能和宪法相抵触，否则会被撤销或宣布无效。

2. 国家秘密可以分为几种级别？

国家秘密的密级分为**绝密、机密、秘密**三级。

绝密级国家秘密是最重要的国家秘密，泄露会使国家安全和利益遭受特别严重的损害；

机密级国家秘密是重要的国家秘密，泄露会使国家安全和利益遭受严重的损害；

秘密级国家秘密是一般的国家秘密，泄露会使国家安全和利益遭受损害。

3. 哪些公共财产属于国家所有?

所有权属于国家的各种财产包括：

（1）矿藏、水流、海域、无居民海岛属于国家所有；

（2）法律规定属于国有的土地、森林、山岭、草原、荒地、滩涂和其他海陆自然资源；

（3）国家控制国计民生的专有财产，如铁路、航空、公路、水运、港口、银行、邮电、广播等部门的装备、设备和其他财产；

（4）各级国家机关和各类全民所有制企业、事业单位的财产；

（5）历史文物、名胜古迹、风景游览区、自然保护区；

（6）不能证实属于个人或集体所有的，具有经济、文化和科学价值的财产；

（7）无线电频谱资源、国防资产属于国家所有；

（8）国家在国外的财产和属于国家所有的其他财产。

4. 劳动纪律包括哪些纪律？

劳动纪律是指劳动者在劳动中所遵守的劳动规则和劳动秩序。

一般包括：考勤与休假纪律、生产与工作纪律、安全卫生纪律、保密纪律、奖惩制度、劳动合同及人事管理等。

5. 公共秩序包括哪些秩序？

为维护社会公共生活所必需的秩序，包括工作秩序、教学秩序、营业秩序、交通秩序、娱乐秩序、网络秩序等。

6. 应该遵守哪些社会公德？

人们在社会交往和公共生活中应该遵守的行为准则，最重要、最基本的道德要求，包括文明礼貌、助人为乐、爱护公物、保护环境、遵纪守法。

Part 3 模拟法庭

啊！好疼！
你的孩子现在在我手里，转账300万元我就放人。
按秩序排队，不能插队！
提问
上述三张图属于违法行为吗？需要承担哪些责任？
“狗咬伤人”涉及侵犯人身权，属于民事纠纷，狗主人应当承担赔偿受伤者的医药费等民事责任；
绑架他人涉嫌刑事犯罪，可能追究刑事责任；
乘坐公交车插队属于违反公共秩序及社会公德的行为。
承担民事责任的方式：停止侵害，排除妨碍，消除危险，返还财产，恢复原状，修理、重作、更换，赔偿损失，支付违约金，消除影响，恢复名誉，赔礼道歉等。
犯罪行为，一般是指违反我国《刑法》的相关规定，应当承担刑事责任的行为。
刑罚是我国最严厉的处罚，主要由主刑和附加刑构成。主刑有死刑、无期徒刑、有期徒刑、拘役、管制，附加刑有罚金、剥夺政治权利、没收财产。
乘坐公交车插队虽然不属于违法行为，但属于违反社会公德的行为。

Part 4 拓展·法条链接

《中华人民共和国劳动法》

第三条第二款 劳动者应当完成劳动任务，提高职业技能，执行劳动安全卫生规程，遵守劳动纪律和职业道德。

《中华人民共和国治安管理处罚法》

第二条 扰乱公共秩序，妨害公共安全，侵犯人身权利、财产权利，妨害社会管理，具有社会危害性，依照《中华人民共和国刑法》的规定构成犯罪的，依法追究刑事责任；尚不够刑事处罚的，由公安机关依照本法给予治安管理处罚。

第十条 治安管理处罚的种类分为：

（一）警告；

（二）罚款；

（三）行政拘留；

（四）吊销公安机关发放的许可证。

对违反治安管理的外国人，可以附加适用限期出境或者驱逐出境。

Part 5 拓展·“法官妈妈”——尚秀云

《别让小淘气变成大麻烦》是一本由“法官妈妈”尚秀云从几千个真实案例中选取35个典型案例告诉家长和孩子哪些事情不能做的图书。同时，作者也针对孩子容易出现的问题，为困惑无助的父母提出了科学、实用的解决办法和教育方法。

尚秀云是我国第一代从事少年审判的法官，曾担任北京市海淀区人民法院刑二庭副庭长，因在未成年人刑事审判工作中的出色表现，曾当选为第九届全国人大代表、第十届全国政协委员、北京市第十二届人大代表。她曾荣获全国法院模范、第三届中国内藤国际育儿奖、英模天平奖章、全国先进工作者等荣誉称号，并荣立一等功。

从1987年至今，尚秀云审结了近千件未成年人刑事案件。经她审判的失足少年，许多人被她母亲般的情怀所感化，称呼她为“法官妈妈”。

电影《法官妈妈》上映于2001年，作为庆祝建党80周年的重点献礼影片。该片以尚秀云同志为原型，创作出一个胸怀广阔、对失足青少年充满爱心的优秀法官安慧的形象，以尚秀云及诸多少年法庭法官们身体力行挽救失足青少年的事迹为创作素材，精心编制而成。

小结陈词

宪法中规定的“遵纪守法”包含六方面规则，青少年朋友们，你们都记住了吗？除了遵守宪法和法律外，在日常生活中，勿以善小而不为，勿以恶小而为之。别让小淘气变成大麻烦，要牢固树立规则意识。要讲文明、讲礼貌、助人为乐、爱护公物、保护环境，争做遵纪守法小公民哟！在道德与法律允许的范围内，自由追逐梦想吧！

第二十章 公民基本权利与义务（22）

· 维护国家安全、荣誉和利益的义务 ·

是故君子安而不忘危，存而不忘亡，治而不忘乱，是以身安而国家可保也。

——《周易》

随着科技的发展，
国家安全问题不仅藏身于政治、经济、文化等方面，
还延伸至生物、外太空、海洋等新领域。
“国家安全、荣誉和利益高于一切”，
提防境外敌对势力，
是公民爱国主义精神的具体表现，
是每个公民义不容辞的职责。
我是保国安，
让我们一起了解“维护国家安全、荣誉和利益”吧！

脑洞时刻

1. 举例说一下，有哪些行为危害国家安全?

回答1: 窃取国家机密的行为，涉嫌为境外窃取、刺探、收买、非法提供国家秘密、情报罪。

回答2: 资助危害国家安全犯罪活动的行为。

我的回答: ________________________________

2. 什么是国家荣誉? 奥运赛场上运动健儿代表国家出征赛场，属于国家荣誉吗?

回答1: 在自己的行业作出重大贡献、享有崇高声誉、得到国家认可的杰出人士可享有国家荣誉称号，如钟南山。

回答2: 奥运赛场健儿们代表国家出征赛场，属于一种荣誉，展现我国运动员拼搏向上、永不服输的运动精神。

我的回答: ________________________________

3. 发现侵犯国家利益的行为，我们应该怎么办?

我的回答: ________________________________

Part 1 保国安介绍维护国家安全、荣誉和利益

保国安

代　表　维护国家安全、荣誉和利益（宪法第五十四条）

爱　好　喜欢游泳、打乒乓球，最爱看奥运会比赛，每每看到中国健儿站在领奖台，国歌奏响、升国旗，内心就无比激动与自豪。

理　想　希望未来成为一名专业运动员，为中国荣誉而战。

讲　解

每年4月15日是全民国家安全教育日。

我们要维护好国家政权、主权、统一和领土完整。

维护国家安全、荣誉和利益，人人有责。

宪法条文

《中华人民共和国宪法》

第五十四条 中华人民共和国公民有维护祖国的安全、荣誉和利益的义务，不得有危害祖国的安全、荣誉和利益的行为。

Part 2 科普时间

1. 维护国家安全的任务有哪些?

根据《国家安全法》第二章及相关规定，维护国家安全的任务可以用下图来展示：

《国家安全法》第二章依次明确了政治安全、人民安全、国土安全、军事安全、经济安全、金融安全、资源能源安全、粮食安全、文化安全、科技安全、网络与信息安全、社会安全、生态安全、核安全、外层空间及国际海底区域和极地安全、海外利益安全等领域的重点任务，基本覆盖了涉及国家安全的领域。

2020年2月，习近平提出要把生物安全纳入国家安全体系。

2. 公民如何履行维护国家安全的义务？

（1）发现危害国家安全活动的线索或证据的，及时向国家安全机关举报。《公民举报危害国家安全行为奖励办法》（2022年6月6日）第四条规定了具体的六种方式：①拨打国家安全机关“12339”举报受理电话；②登录国家安全机关互联网举报受理平台网站www.12339.gov.cn；③向国家安全机关投递信函；④到国家安全机关当面举报；⑤通过其他国家机关或者举报人所在单位向国家安全机关报告；⑥其他举报方式。

（2）保守所知悉的国家秘密，不将涉密信息随意发到互联网上。

（3）不拍摄或传播军事目标及港口等相关照片。

（4）不编造、传播虚假恐怖事件信息。

（5）不发布、转发损害国家荣誉和利益的信息。

（6）不散布谣言，扰乱社会秩序。

（7）及时报告危害国家安全活动的线索。

（8）如实提供所知悉的涉及危害国家安全活动的证据。

（9）为国家安全工作提供便利条件或者其他协助。

（10）向国家安全机关、公安机关和有关军事机关提供必要的支持和协助。

3. 我国国家最高荣誉是什么？

国家勋章和国家荣誉称号为国家最高荣誉。

① 国家设立“共和国勋章”，授予在中国特色社会主义建设和保卫国家中作出巨大贡献、建立卓越功勋的杰出人士。

② 国家设立“友谊勋章”，授予在我国社会主义现代化建设和促进中外交流合作、维护世界和平中作出杰出贡献的外国人。

③ 国家设立国家荣誉称号，授予在经济、社会、国防、外交、教育、科技、文化、卫生、体育等各行业、各领域作出重大贡献、享有崇高声誉的杰出人士。

Part 3 模拟法庭

工厂的工人发现，两个外国商人正在拿着手机偷拍我国军事资料。
涉密
涉密
看到两个外国商人拿手机在拍摄咱们的军事机密。
站住，需要你们配合我们调查。
提问
外商可以随意在涉密单位拍照吗？
外商不可以随意在涉密单位拍摄有关涉密事项的照片。
外商拍摄的照片可能涉及我国军事秘密，会给我国国家安全带来危害。
两位工人应立即向厂领导汇报，通过组织间接地向国家安全机关汇报，制止该外商可能涉及的犯罪行为。

Part 4 拓展 · 法条链接

《中华人民共和国国家安全法》

第二条　国家安全是指国家政权、主权、统一和领土完整、人民福祉、经济社会可持续发展和国家其他重大利益相对处于没有危险和不受内外威胁的状态，以及保障持续安全状态的能力。

第十一条　中华人民共和国公民、一切国家机关和武装力量、各政党和各人民团体、企业事业组织和其他社会组织，都有维护国家安全的责任和义务。

中国的主权和领土完整不容侵犯和分割。维护国家主权、统一和领土完整是包括港澳同胞和台湾同胞在内的全中国人民的共同义务。

《中华人民共和国刑法》

第一百零二条　勾结外国，危害中华人民共和国的主权、领土完整和安全的，处无期徒刑或者十年以上有期徒刑。

与境外机构、组织、个人相勾结，犯前款罪的，依照前款的规定处罚。

第一百零三条　组织、策划、实施分裂国家、破坏国家统一的，对首要分子或者罪行重大的，处无期徒刑或者十年以上有期徒刑；对积极参加的，处三年以上十年以下有期徒刑；对其他参加的，处三年以下有期徒刑、拘役、管制或者剥夺政治权利。

煽动分裂国家、破坏国家统一的，处五年以下有期徒刑、拘役、管制或者剥夺政治权利；首要分子或者罪行重大的，处五年以上有期徒刑。

第一百一十条 有下列间谍行为之一，危害国家安全的，处十年以上有期徒刑或者无期徒刑；情节较轻的，处三年以上十年以下有期徒刑：

（一）参加间谍组织或者接受间谍组织及其代理人的任务的；

（二）为敌人指示轰击目标的。

《中华人民共和国国家勋章和国家荣誉称号法》

第六条 全国人民代表大会常务委员会决定授予国家勋章和国家荣誉称号。

第七条 中华人民共和国主席根据全国人民代表大会常务委员会的决定，向国家勋章和国家荣誉称号获得者授予国家勋章、国家荣誉称号奖章，签发证书。

第十五条 国家勋章和国家荣誉称号获得者去世的，其获得的勋章、奖章及证书由其继承人或者指定的人保存；没有继承人或者被指定人的，可以由国家收存。

国家勋章、国家荣誉称号奖章及证书不得出售、出租或者用于从事其他营利性活动。

Part 5 拓展 · 影视推荐

1958年，八一电影制片厂摄制电影《永不消逝的电波》风靡一时；2021年，上海歌舞团编排的舞剧《永不消逝的电波》被称赞无数。

这个关于中共党员李白潜伏在敌占区，为革命事业奉献生命的故事，通过不同的艺术展示，穿越时光，流传为经典，至今仍打动人心。

追寻故事原型，是革命先烈李白与那永不消逝的电波。

李白（1910年5月7日至1949年5月7日），湖南省浏阳市人，中共党员，上海地下党联络员。1937年10月，李白开启12年的潜伏生涯，每一天，行走在刀锋上；每一晚，秘密情报传送千里。

1948年12月30日凌晨，李白在与党中央进行通讯过程中被国民党特务机关测出电台位置而被捕。被捕后，李白经受了高官厚禄的利诱，遭受了30余种酷刑的逼供，但这些都不能摧毁共产党员的坚定信念，李白拒不吐露半个字。1949年5月7日，李白被国民党特务秘密杀害。

2009年，李白被评为100位为新中国成立作出突出贡献的英雄模范人物之一。

小结陈词

为了中国人民的解放事业，无数仁人志士在隐蔽战线中抛头颅、洒热血。现今，我们可能还面临国土入侵、军事侵犯、社会动荡、太空争夺、网络窃密、生态危机、资源霸占、核威胁、无端造谣……破坏国家安全的危险。暗影无声潜藏，正义针锋较量。在我们看不到的地方，国家安全机关在竭力守护。作为遵纪守法的公民，我们要珍惜今天来之不易的幸福生活，也要努力学习，增强自身的本领，未来在自己的岗位上为祖国作出贡献！

第二十一章　公民基本权利与义务（23）

·保卫祖国、服兵役义务·

苟利国家生死以，岂因祸福避趋之。

——（清）林则徐《赴戍登程口占示家人》

晚清政府腐败无能，
中国饱受列强欺凌，
为了民族尊严和主权完整，
中华儿女应团结起来去拼、去战、去斗！
无所畏惧，勇往直前，终得民族解放。
祖国疆土，当以死守，
不可以尺寸与人。
保家卫国终不悔，
莫忘历史屈辱，铸就现代国防。
我是刘卫国，
让我们一起学习“保卫祖国、服兵役义务”吧！

脑洞时刻

1. 国家安全由哪些人守护？

回答1： 中国人民解放军是我国最主要的武装力量，由陆军、海军、空军、火箭军、战略支援部队和联勤保障部队等军兵种组成。

回答2： 人人有责，守护国家安全是我们每一名公民的义务。

我的回答： ____________________

2. 世界上有哪些服兵役制度？

回答1： 义务服兵役，又称征兵制，国家利用法律形式规定公民在一定的年龄内必须服一定期限的兵役，带有强制性，如韩国、新加坡、伊朗等。

回答2： 志愿兵役制，又称募兵制，是公民凭自愿应召至军队服兵役，如日本、美国。另外，还有义务兵役制与志愿兵役制相结合的情况。

我的回答： ____________________

3. 中国有哪些军种？各军种的特色是什么？武器有何不同？

我的回答： ____________________

Part 1 刘卫国介绍保卫祖国、服兵役义务

刘卫国

代　表　保卫祖国、依法服兵役（宪法第五十五条）

爱　好　喜欢看军事栏目，对各种武器装备如数家珍，被阅兵式上的各种先进海陆空装备深深震撼，少年强则中国强。

理　想　希望未来成为一名科技兵，强身健体，磨炼意志，用先进的科学知识保家卫国。

讲　解

新中国发展的历史告诉我们，每一个中华儿女必须要团结起来，共同肩负起保卫祖国、抵抗侵略的责任。符合条件的青年们要积极报名、应征入伍，履行服兵役义务。

无数革命先烈的牺牲才换来我们今天来之不易的幸福，吾辈当自强，持书仗剑耀中华。

宪法条文

《中华人民共和国宪法》

第五十五条 保卫祖国、抵抗侵略是中华人民共和国每一个公民的神圣职责。

依照法律服兵役和参加民兵组织是中华人民共和国公民的光荣义务。

Part 2 科普时间

1.辩一辩

甲方：现在是和平年代，战争离我们很遥远，不必在国防上投入大量的人力和财力。

乙方：保卫祖国，不仅人人有责，而且时时有责。

你支持甲方还是乙方？

保卫祖国、抵抗侵略是中华人民共和国每一个公民的神圣职责。国防建设的核心是军队建设，人民解放军是人民的子弟兵，它是由人民子弟组成的。

2. 国家武装力量包含哪些?

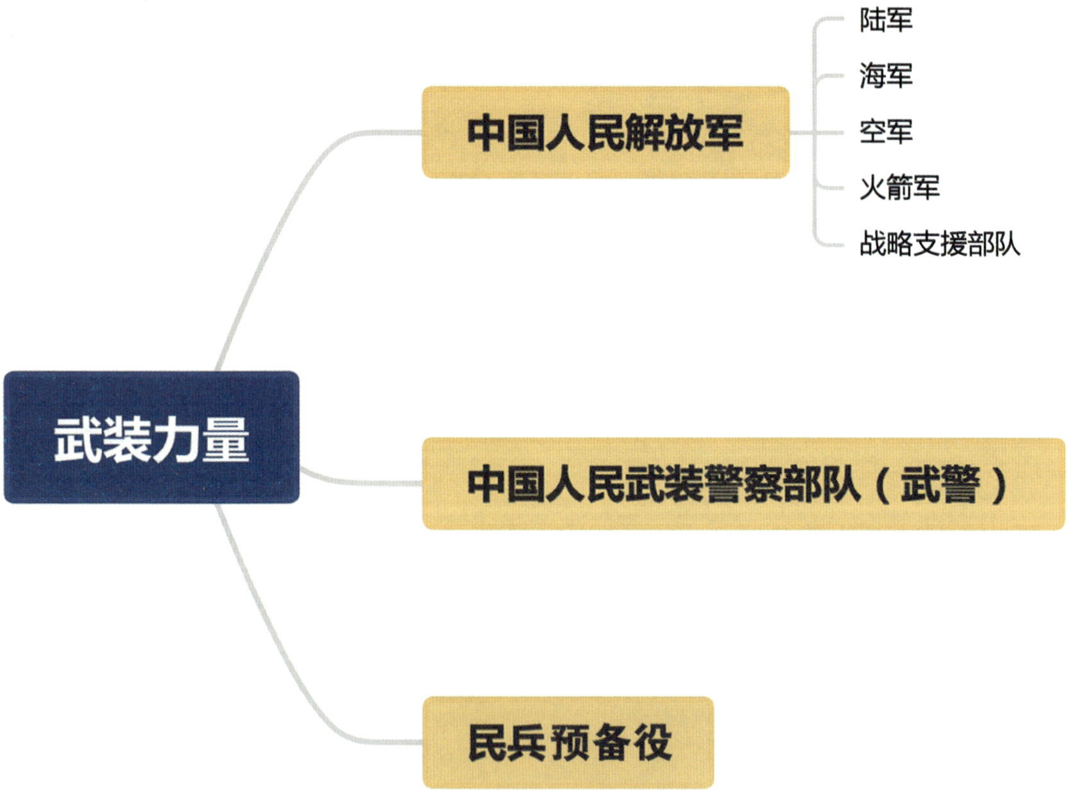

武装力量由中国人民解放军、武警、民兵预备役组成，由中华人民共和国中央军事委员会领导并统一指挥。

3. 我国关于兵役有哪些具体规定?

（1）兵役制度

我国实行以志愿兵役为主体的志愿兵役与义务兵役相结合的兵役制度。

（2）服兵役的主体

中华人民共和国公民，不分民族、种族、职业、家庭出身、宗教信仰和教育程度，都有义务依照《兵役法》的规定服兵役。

（3）免服兵役的公民

有严重生理缺陷或者严重残疾不适合服兵役的公民，免服兵役。

（4）缓征兵役的公民

应征公民是维持家庭生活的唯一劳动力，可以缓征兵役。

（5）不征集兵役人员

应征公民因涉嫌犯罪正在被依法监察调查、侦查、起诉、审判或者被判处徒刑、拘役、管制正在服刑的，不征集兵役。

Part 3 模拟法庭

《兵役法》规定，每年12月31日以前年满18周岁的男性公民，都应当按照兵役机关的安排在当年进行初次兵役登记。年满18周岁的男性公民，应当被征集服现役；当年未被征集的，在22周岁以前仍可以被征集服现役。普通高等学校毕业生的征集年龄可以放宽至24周岁，研究生的征集年龄可以放宽至26周岁。根据军队需要，可以按照上述规定征集女性公民服现役。根据军队需要和本人自愿，可以征集年满17周岁未满18周岁的公民服现役。

Part 4 拓展·法条链接

《征兵工作条例》

第十三条 机关、团体、企业事业单位和乡、民族乡、镇的人民政府以及街道办事处，按照县、市兵役机关的安排和要求，对本单位和本地区的应征公民，进行体格目测、病史调查和政治、文化初步审查，选定政治思想好、身体好、文化程度高的应征公民为当年预定征集的对象，并通知本人。

《中华人民共和国兵役法》

第六条 兵役分为现役和预备役。在中国人民解放军服现役的称军人；预编到现役部队或者编入预备役部队服预备役的，称预备役人员。

第八条 军人必须遵守军队的条令和条例，忠于职守，随时为保卫祖国而战斗。

预备役人员必须按照规定参加军事训练、担负战备勤务、执行非战争军事行动任务，随时准备应召参战，保卫祖国。

军人和预备役人员入役时应当依法进行服役宣誓。

第二十六条 义务兵服现役的期限为二年。

Part 5 拓展·影视推荐

《我的团长我的团》讲述1942年中国各地军民在中缅边境联合抗击日本侵略者、承受战争苦难的故事。当我们身处残酷战争，会如何在枪林弹雨的日夜中生存下去呢？

北平人孟烦了、军医郝兽医、湖南兵不辣、上海军官阿译、东北佬迷龙、豆饼、要麻、蛇屁股、康丫、川妹子陈小醉……他们是一群来自五湖四海、不同出身不同身份甚至是不同政见的溃兵和百姓，战争的苦难和身体的伤病让他们过着绝望的日子，别无选择的他们团结一致组成一支小队伍，在现实的困境中他们认识到民族存亡的大义，于是义无反顾共同投入打击日本侵略者、保卫家园、捍卫尊严、为抗战胜利不惜付出生命代价的正义斗争中，用血肉之躯谱写了一曲曲铁血卫国的悲壮战歌。

《士兵突击》讲述了一个农村出身的普通士兵许三多最终成为一名出色的侦察兵的故事。剧中有很多金句：不抛弃不放弃；好好活就是做有意义的事情,做有意义的事情就是好好活。许三多单纯而执着,在军人的世界里摸爬滚打,体现了军人的优良品质:吃苦耐劳、勇敢冒险、目标明确、严于律己、正直诚信、忠诚爱国等,其中的战友情、爱国情、克服重重困境的勇气与毅力,打动我们的心弦,给予我们积极向上的力量。

小结陈词

寸寸山河寸寸金；天下兴亡，匹夫有责。诚如岳飞所说：以身许国，何事不可为？就像陈毅所言：祖国如有难，汝应作前锋。青少年朋友们，“强国必先强军，军强才能国安”。我们身处和平的国家，背后是千千万万的人民子弟兵在无怨无悔地时刻守护着。保卫祖国、抵抗侵略是我们每一名公民的神圣职责。我们一定要好好学习，天天向上，一起保卫我们可爱的祖国。

第二十二章　公民基本权利与义务（24）

·依法纳税义务·

国家存在的经济体现就是捐税。

——[德]马克思《道德化的批评和批评化的道德》

方便你我生活的高铁、高速公路等
基础设施的飞速发展，
中国航天、科技的蓬勃进步，
背后的资金支持很大部分源于税收。
税收取之于民，用之于民，造福于民。
我是钱大税，
带你一起了解“依法纳税义务”。

1. 日常生活中，哪些情形需要缴纳税款？分别有哪些税？

回答1: 购买房屋、车辆,分别有房产税、车辆购置税。

回答2: 收到工资了,有个人所得税。

我的回答: ______________________________

2. 古代与现代国库的主要来源有哪些？

回答1: 古代国库来源有朝廷的专卖(大都是盐、茶、酒等特殊产品)、土地的贩卖和出租,还有税收。

回答2: 现代国库来源包括各项税收收入、行政事业性收费收入、国有资源(资产)有偿使用收入、转移性收入和其他收入。

我的回答: ______________________________

3. 逃税、漏税、骗税、偷税，有何不同？

我的回答: ______________________________

Part 1 钱大税介绍依法纳税义务

钱大税

代　表　依法纳税（宪法第五十六条）

爱　好　喜欢读与经济有关的杂志、报纸，算数又快又准。

理　想　希望未来成为一名经济分析师，履行好依法纳税的义务。

讲　解

税收是国家为满足社会公共需要，凭借公共权力，按照法律所规定的标准和程序，参与国民收入分配，强制地、无偿地取得财政收入的一种方式。

宪法条文

《中华人民共和国宪法》

第五十六条 中华人民共和国公民有依照法律纳税的义务。

Part 2 科普时间

1. 身边都有哪些税收?

税收就在我们身边:

衣:我们买的衣服,所付的价款就包括税收。即便是妈妈亲手缝制的衣服,那些所买的布、线都是纳过税的。

食:我们吃的盐、酱、醋、茶、米、面、油,在购买时也含着税。

住:我们购买的住房,在购房款中也包含税款。

行:我们出行乘坐各种交通工具,买票时含有税款。即便是私家车,加油时也同样缴纳了税款。

2. 我们为什么缴税?

发展国防事业,保障国家安全;

支持内政外交,服务政治运转;

投资基础设施，强化公共服务；

着力改善民生，保障公民福利。

3. 税的种类有哪些？

按照不同的分类标准，税的种类有不同的划分。按照纳税对象，税可以分为以下几类：

① 流转类税：增值税、消费税、营业税、关税……

增值税是我国第一大税种。

我们在商场购买的本子、铅笔、零食，都缴纳了增值税。

② 所得类税：个人所得税、企业所得税和社会保障税……

所得税是以企业与个人的所得和收益为征税对象的一种税。所得税对所得多的多征，所得少的少征或不征，能够有效缩小社会贫富差距，促进社会公平。

③ 财产类税：房产税、车船税……

④ 行为目的税：城市维护建设税、耕地占用税、印花税、契税……

4. 个人所得税的纳税项目有哪些？

个人所得税法规定的各项个人所得的范围包括：

（1）工资、薪金所得，是指个人因任职或者受雇取得的工资、薪金、奖金、年终加薪、劳动分红、津贴、补贴以及与任职或者受雇有关的其他所得。

（2）劳务报酬所得，是指个人从事劳务取得的所得，包括从事设计、装潢、安装、制图、化验、测试、医疗、法律、会计、咨询、讲学、翻译、审稿、书画、雕刻、影视、录音、录像、演出、表演、广告、展览、技术服务、介绍服务、经纪服务、代办服务以及其他劳务取得的所得。

（3）稿酬所得，是指个人因其作品以图书、报刊等形式出版、发表而取得的所得。

（4）特许权使用费所得，是指个人提供专利权、商标权、著作权、非专利技术以及其他特许权的使用权取得的所得；提供著作权的使用权取得的所得，不包括稿酬所得。

（5）经营所得，是指：

①个体工商户从事生产、经营活动取得的所得，个人独资企业投资人、合伙企业的个人合伙人来源于境内注册的个人独资企业、合伙企业生产、经营的所得；

②个人依法从事办学、医疗、咨询以及其他有偿服务活动取得的所得；

③个人对企业、事业单位承包经营、承租经营以及转包、转租取得的所得；

④个人从事其他生产、经营活动取得的所得。

（6）利息、股息、红利所得，是指个人拥有债权、股权等而取得的利息、股息、红利所得。

（7）财产租赁所得，是指个人出租不动产、机器设备、车船以及其他财产取得的所得。

（8）财产转让所得，是指个人转让有价证券、股权、合伙企业中的财产份额、不动产、机器设备、车船以及其他财产取得的所得。

（9）偶然所得，是指个人得奖、中奖、中彩以及其他偶然性质的所得。

5. 国库的收入来源有哪些?

国家金库简称为国库，负责办理国家预算资金的收入和支出，国库收入就是国家预算资金的收入。根据《预算法》的规定，政府的全部收入都应当纳入预算收入。预算收入包括一般公共预算收入、政府性基金预算收入、国有资本经营预算收入、社会保险基金预算收入。

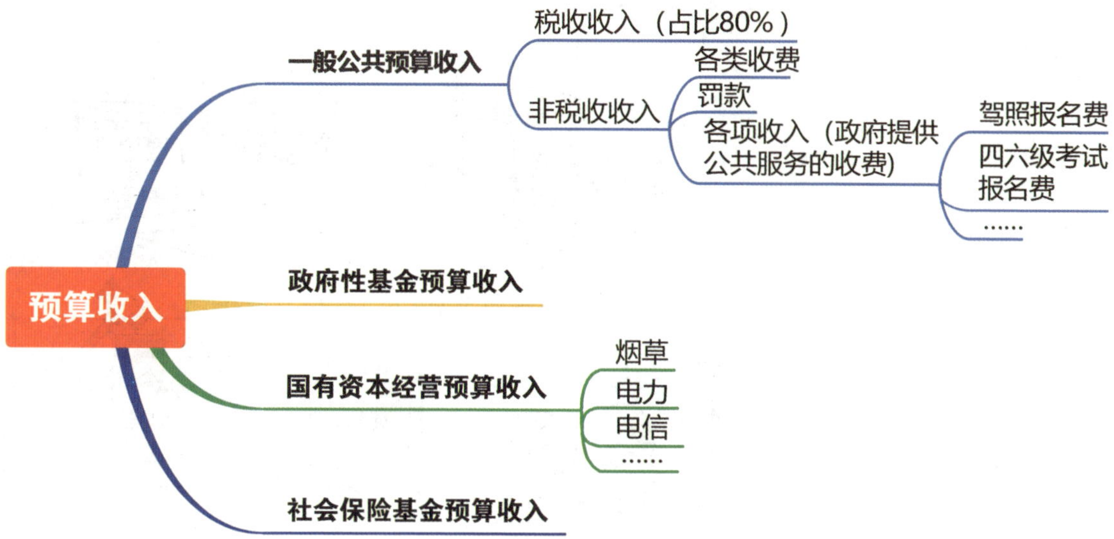
预算收入
一般公共预算收入
税收收入（占比80%）
非税收收入
各类收费
罚款
各项收入（政府提供公共服务的收费）
驾照报名费
四六级考试报名费
……
政府性基金预算收入
国有资本经营预算收入
烟草
电力
电信
……
社会保险基金预算收入

Part 3 模拟法庭

个人购买社会福利有奖募捐奖券一次中奖收入和一次性取得体育彩票中奖收入不超过1万元的，暂免征收个人所得税。

《个人所得税法》第三条规定了个人所得税的税率：

（一）综合所得，适用3%~45%的超额累进税率；

（二）经营所得，适用5%~35%的超额累进税率；

（三）利息、股息、红利所得，财产租赁所得，财产转让所得和偶然所得，适用比例税率，税率为20%。

Part 4 拓展·法条链接

《中华人民共和国税收征收管理法》

第六十三条 纳税人伪造、变造、隐匿、擅自销毁帐簿、记帐凭证，或者在帐簿上多列支出或者不列、少列收入，或者经税务机关通知申报而拒不申报或者进行虚假的纳税申报，不缴或者少缴应纳税款的，是偷税。对纳税人偷税的，由税务机关追缴其不缴或者少缴的税款、滞纳金，并处不缴或者少缴的税款百分之五十以上五倍以下的罚款；构成犯罪的，依法追究刑事责任。

扣缴义务人采取前款所列手段，不缴或者少缴已扣、已收税款，由税务机关追缴其不缴或者少缴的税款、滞纳金，并处不缴或者少缴的税款百分之五十以上五倍以下的罚款；构成犯罪的，依法追究刑事责任。

《中华人民共和国刑法》

第二百零一条 纳税人采取欺骗、隐瞒手段进行虚假纳税申报或者不申报，逃避缴纳税款数额较大并且占应纳税额百分之十以上的，处三年以下有期徒刑或者拘役，并处罚金；数额巨大并且占应纳税额百分之三十以上的，处三年以上七年以下有期徒刑，并处罚金。

扣缴义务人采取前款所列手段，不缴或者少缴已扣、已收税款，数额较大的，依照前款的规定处罚。

对多次实施前两款行为，未经处理的，按照累计数额计算。

有第一款行为，经税务机关依法下达追缴通知后，补缴应纳税款，缴纳滞纳金，已受行政处罚的，不予追究刑事责任；但是，五年内因逃避缴纳税款受过刑事处罚或者被税务机关给予二次以上行政处罚的除外。

《中华人民共和国个人所得税法》

第四条　下列各项个人所得，免征个人所得税：

（一）省级人民政府、国务院部委和中国人民解放军军以上单位，以及外国组织、国际组织颁发的科学、教育、技术、文化、卫生、体育、环境保护等方面的奖金；

（二）国债和国家发行的金融债券利息；

（三）按照国家统一规定发给的补贴、津贴；

（四）福利费、抚恤金、救济金；

（五）保险赔款；

（六）军人的转业费、复员费、退役金；

（七）按照国家统一规定发给干部、职工的安家费、退职费、基本养老金或者退休费、离休费、离休生活补助费；

（八）依照有关法律规定应予免税的各国驻华使馆、领事馆的外交代表、领事官员和其他人员的所得；

（九）中国政府参加的国际公约、签订的协议中规定免税的所得；

（十）国务院规定的其他免税所得。

前款第十项免税规定，由国务院报全国人民代表大会常务委员会备案。

Part 5 拓展·精彩推荐

《诗经》

《诗经》共311篇，是我国古代诗歌开端，是我国最早的一部诗歌总集。它收集了西周初年至春秋中叶（前11世纪至前6世纪）的诗歌，《诗经》的作者佚名，绝大部分无法考证，传为尹吉甫采集、孔子编订。《诗经》分为《风》《雅》《颂》三部分，反映了劳动与爱情、战争与徭役、压迫与反抗、风俗与婚姻、祭祖与宴会，甚至天象、地貌、动物、植物等方方面面，是当时社会生活的一面镜子。

《诗经》中的税收：

“有渰萋萋，兴雨祈祈。雨我公田，遂及我私。”（出自《小雅·大田》）意思是：高空中浓厚的流云满山飘，小雨淅淅沥沥润如酥奶酪。先灌溉好我主人家的公田，再把我们农奴家的私田浇。

“中田有庐，疆埸有瓜，是剥是菹，献之皇祖。”（出自《小雅·信南山》）意思是：大田中间有居住房屋，田埂边长着瓜果菜蔬。削皮切块腌渍成咸菜，去奉献给伟大的先祖。

这两首描写的都是西周时期的井田制，当时的道路和渠道纵横交错，把土地分隔成方块，形状像“井”字，因此称作“井田”。其中“公田”“中田”是井田中的中间地块，由耕种井田的周边8家佃农合耕，其余8块是私田，由佃农各自耕种，公田收成归王室，私田收成归农户。

小结陈词

“税收连着你我他，依法纳税为国家。”依法纳税，是公民的基本义务。青少年朋友们，税收就在我们身边，在我们衣食住行的方方面面。依法纳税，是国家富强、人民幸福、国家各项职能实现的物质保证。好好观察身边缴纳税金的行为，思考背后的制度设计目的，让我们争做文明纳税人，依法诚信纳税，共建和谐社会。

附录：如何保障我们的基本权利？

有这样一句法律名言，“无救济即无权利”。所谓“救济”，是指当我们的权利受到损害或侵犯时，为补救遭受的损失而采取的措施。简单地说，就是如何保障我们的权利。如果宪法规定的公民基本权利在受到损害或侵犯时无法获得救济，那它们就会像“镜中花”“水中月”一样，失去实际的意义。

那么，我国能通过哪些方式保障公民基本权利呢？在这些基本权利受到损害或侵犯时，能采取哪些措施呢？

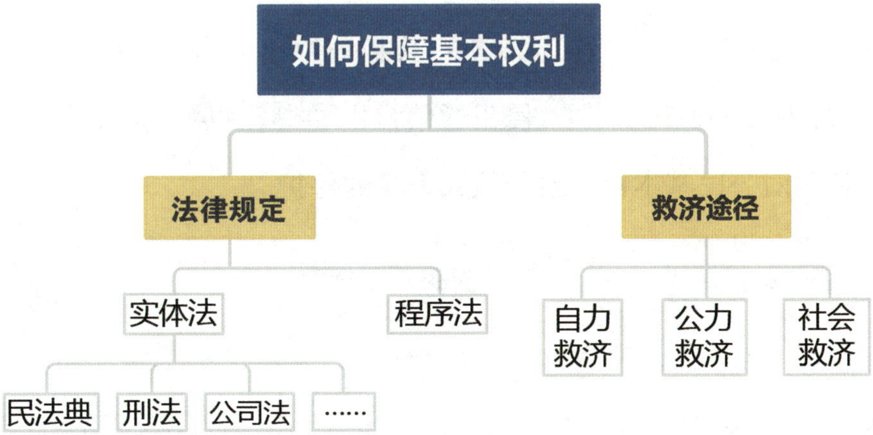

法律对公民基本权利的保障

宪法对于公民基本权利的规定是纲领性、原则性的，因而相对抽象。为了确保公民实实在在地享有这些权利，我国通过《刑法》《民法典》《劳动法》《民事诉讼法》等普通法律及行政法规对公民基本权利的内容和保障方式进行了具体的界定，共同构成了保障公民基本权利的法律体系。

从前面每一章的“法条链接”中我们可以发现，公民的每一项基本权利都有相应的法律法规予以保障。例如，平等权在《民法典》和《劳动法》的总则中都有体现；政治权利及自由的实现和保障方式通过《全国人民代表大会和地方各级人民代表大会选举法》《集会游行示威法》等予以明确；人格尊严在《民法典》的“人格权编”中得到全方位保障；对于特定人的权利，更是有《未成年人保护法》《妇女权益保障法》《残疾人保障法》等专门法律加以保护；此外，《刑法》对各类侵犯公民基本权利的犯罪行为，如破坏选举罪、侵犯通信自由罪等，都明确规定了相应的刑事责任及处罚，从而对公民基本权利给予最大力度的保护。

我们的维权方式

（一）青少年如何维护自己的合法权益？比如遇到校园欺凌时，青少年该如何做呢？

1. 把保护自己放在首位。遇到危险后应正确地保护自己，避免身体受到伤害，在自身无力阻止施暴行为时，向他人求救，第一时间保护自己。

2. 及时报告寻求帮助。在学校时第一时间向老师反映被侵害的情况；也可以通过报警、告诉家长等方式寻求帮助。

3. 具有证据意识及法律意识。遇到侵害时要收集证据；用科学的方法和策略维护自己的合法权益。

4. 尽力制止侵害行为。如果目睹校园欺凌事件，要想办法尽快制止事件的升级，应该先报警或者通知老师，或以其他灵活方式应对，解救被欺凌的对象。

（二）公民基本权利的救济方式

当我们的公民基本权利受到侵害时，可以并且应当通过法律途径保护自己的权利。法律救济的方式有很多种，通常可以分为自力救济、公力救济和社会救济等。

1. 自力救济，按照字面意思，就是凭借自己的力量通过合法手段对被侵害的权利进行恢复和补救。例如，我们常听说的“正当防卫”，当我们的人身权利正在受到不法侵害时，可以自己当即采取措施制止不法侵害行为。

自力救济的主体除了受害者本人外，还包括受害者的亲属等有利益关系、血缘关系或保护关系的个人或群体。例如，当小朋友创作的儿童画被他人侵犯了知识产权时，父母可以代他去向侵权者协商赔偿方式。

2. 公力救济，是指公民在权利受到侵害时，按照正当法律程序，向具有权力的国家机关寻求帮助，其中最常见的是司法救济，也就是我们常说的到法院起诉、“打官司”。法院通过开庭、调查等法定审判程序，作出具有法律效力的文书，来维护受害者的合法权益。在一些相对简单的案子中，经过原告和被告的同意，法官可以通过调解促使双方和解，都不需要开庭。为了保护公民的诉讼权利，我国制定了刑事诉讼法、行政诉讼法、民事诉讼法等专门的“程序法”。

除了法院，我们还可以向一些行政部门寻求救济。当劳动者的相关权益受到侵犯时，比如，公司没有按照法律规定为劳动者“上社保”，劳动者可以向当地社保部门投诉举报，督促公司为劳动者缴纳社会保险；公司长期拖欠工资，劳动者可以向劳动人事争议仲裁委员会提出书面申请进行维权……

3. 社会救济，是指国家和社会对陷入生活困难的公民，给予物质接济和扶助，以保障其最低生活标准，如自然灾害救济、失业救济、孤寡病残救济和城乡困难户救济等。

一些常用的服务热线

为了方便民众生活，及时解决生活中遇到的一些问题，我国政府、社会团体等开通了各类服务热线。当公民的基本权利受到侵害时，除了拨打“110”报警电话，还可以根据受害权利的不同，拨打相应的热线寻求帮助。

下面这些你都知道吗？

“12345”，政务服务便民热线，一般由各地市人民政府设立，接受对行政职能职责、政策规定、办事流程和其他公共服务信息的咨询，以及对行政管理、社会管理、公共服务方面的投诉、意见和建议等。“12345”热线的服务内容非常广泛，几乎涵盖了生活中的各个领域，从2020年年底开始，原来的科技公益服务电话、民政服务电话、自然资源违法举报电话、知识产权维权援助公益服务电话、食品药品监督举报服务电话等都统一并入了“12345”热线。也就是说，当你的权利受到侵害，不知道向谁求助时，都可以通过“12345”热线进行咨询。

“12385”，全国残疾人服务热线，为残疾人提供政策咨询、意见建议、生活帮助等服务。

“12351”，中华全国总工会职工维权热线，受理职工对侵害自身合法权益行为的控告、申诉等。

“12355”，青少年服务台，专门面向青少年提供服务的热线电话，该热线的开通旨在为青少年提供心理咨询服务和法律咨询援助。

“12333”，全国人力资源社会保障服务热线，为社会公众提供人力资源社会保障领域的政策咨询、信息查询、办事指南、在线受理和投诉举报等公共服务。

“12366”，国家税务总局纳税服务热线，为纳税人提供纳税咨询、涉税查询、投诉举报等服务。

“12338”，妇女维权公益服务热线，为妇女、儿童提供法律、婚姻、家庭、心理、教育等方面的咨询，并受理有关妇女儿童侵权案件的投诉。

“12388”，全国纪检监察机关统一举报电话，受理群众对党员及领导干部和国家公务员违反党纪政纪行为的检举控告，或对党风廉政建设和反腐败工作方面的意见建议。

“12315”，全国工商行政管理机关消费者投诉举报专线电话，受理消费者申诉举报，调解消费者权益纠纷，查处侵害消费者权益案件和制售假冒伪劣商品等经济违法行为，监督管理市场和行政执法。

“12368”，全国法院司法信息公益服务电话，受理当事人或代理人联系法官、查询案件、诉讼咨询、对法院工作提出的意见、建议或信访投诉等。

“12348”，全国公共法律服务热线，接受解答群众的法律咨询，指导和接受法律援助申请，维护贫弱当事人的合法权益、维护司法公正、维护社会稳定。

“12339”，国家安全机关举报受理电话，受理个人和组织发现的危害国家安全的情况线索举报。

此外，你还知道哪些维权热线电话？可以补充在下面：

____

____

____

“有权利必有救济”，当你的基本权利受到侵害时，勇敢地拿起法律武器，选择适合自己的维权方式，维护自己的合法权益吧！

后记

给青少年写一本普法书，源于我两年前与当时快上小学的外甥女的一次对话。那天，我试着向她讲解国家机关、公民、宪法、法律，等等，虽然没有生动有趣的图片、绘本，她却听得入神，我也萌生了给青少年写普法书的想法。利用下班、周末时间，两年来一稿又一稿地打磨，为了让权利与义务“活”起来，我设计了24名学生的漫画形象还有配套的案例插图，感谢插画师李莹帮我把24名学生从想象的世界带进现实，栩栩如生的他们积极向上、有爱心、有理想，就像为实现中华民族之伟大复兴读书的你们。感谢我的爱人及家人一直以来的爱、鼓励与支持。感谢法律出版社朱海波等编辑耐心细致的指导与编辑，他们对待这本面向青少年普法的书籍认真专业的态度让我感动。更感谢伟大的祖国！在认真研读宪法条文、结合时事新闻的过程中，深深感叹不是每个国家都能像中国这般，将宪法对公民基本权利与义务的周全保护落在实处，全国上下齐心把公民人身安全、生存权放在第一位，尊重和保障人权。

不可否认，受限于学识和能力，本书有一些问题需要进一步研究讨论，若存在错漏之处，尚请专家和同人不吝指正。

朋友们，让我们一起为实现中华民族伟大复兴的中国梦加油！

唐　玥

2022 年 10 月于北京